서울대 엄마들

똑똑한 그녀들은 어떻게 아이를 키우고 있을까?

서울대 엄마들

장미나·주지현 지음

다산
에듀

글을 열며

서울대를 나온
그녀들을 만나기까지

'가슴에 손을 얹고' 나는 내 아이를 어떻게 키우고 싶은가

어떤 엄마가 되고 싶은가? 너무 막막하다. 그러면 다시, 아이를 어떻게 키우고 싶은가? 더 답하기 어렵다.

아이를 키우는 엄마들 열에 아홉은 '행복한 아이로 키우고 싶다', '자기 하고 싶은 것을 하면서 살게 하고 싶다'고 이야기한다. 그런데 거기에는 '공부를 잘해서 좋은 학교에 가는 건 기본이다'라는 단서 조항이 숨어 있다. 좋은 학교에 가야지 행복할 수 있고, 좋은 학교에 가야지 하고 싶은 것을 할 수 있다는 논리는 좀처럼 와해되지 않는 듯 보인다.

차마 드러내 놓고 말하지는 못한다. 왜냐하면 천박하고 소위 '개념 없는' 사람처럼 보일까 봐. 그런데 마음속 깊은 데서는 '자식을 일류대생으로 만드는' 달콤한 상상을 한다. 아니다. 드러내 놓고 '우리 애는 서울대 아니면 안 돼요'라고 말하는 엄마들도 많이 보긴 했다.

2012년을 앞둔 어느 겨울 날, 대치동 아파트 상가에 있는 서점에 들어가 보았다. 이 동네 엄마들은 무슨 책을 읽나 궁금해서. 가운데 서가를 중심으로 진열된 책들을 살펴보니, 한쪽은 시중에 나오는 거의 모든 참고서와 기출문제집 등으로 도배되다시피 했다. 그 나머지 반쪽은 어학 관련 서적과 자녀 교육서들로 채워져 있다. 그리고 계산대 바로 옆에는 중국계 미국인이 쓴 낯익은 자녀 교육서가 전시되어 있었다. 주변의 권유로 읽었던 『타이거 마더』. 여전히 위압감이 느껴지는 제목이다.

"엄마들이 이 책을 많이 사나 봐요."

"아무래도 이 동네 엄마들은 많이 시키니까, 엄마들이 보면 위로가 되겠죠."

서점 주인의 통찰이 실로 대단하다.

자칭 '호랑이 엄마'인 저자는 아이의 성공을 향한 자신의 욕망을 가감 없이 드러냈다. '아이를 어떻게 그렇게 잡아?'라고 비난하는 이들 중에는 아마도 속으로는 오늘 학교에서 돌아오는 아들을, 혹은 딸을 한 번 더 볶고 지져 보리라 굳센 다짐을 하며, 아이를 '잡을' 명분을 얻었다고 좋아하는 경우도 있을 것이다. 나도 딸아이를 다그치면서 그녀로부터 면죄부를 받는 기분이 들었으니까.

그렇다. 우리는 아이들의 행복한 미래 운운하지만, 실제로는 남들이 부러워하는 일류대학교를 나와, 안정된 직장을 얻고, 스펙 좋은 배우자를 구하고, 그래서 '폼 나게 사는' 아이의 모습을 상상하면서 괜히 입 꼬리가 올라간다. 어쩌라고. 그러고 싶은데…….

갈팡질팡, 두렵다

딸아이가 초등학교 1학년에 입학하면서 영어 학원에 보낼까 말까 아주 잠깐 고민했다. 텔레비전이나 책에서는 엄마가 충분히 아이의 영어 교육을 이끌어 줄 수 있다며, 엄마와 함께 '즐겁게' 공부한 아이들이 종종 등장해서 유창한 영어 실력을 뽐내어 내 기를 죽여놓는다.

잠깐 고민하던 나는 그만 자신이 없어서, 게다가 딸아이가 친구들이 죄다 영어 학원에 다니는 모습을 내심 부러워한다는(그렇게 믿고 싶었다) 것을 핑계로 영어 학원 덕을 보기로 했다. 그런데 학원에 인터뷰라는 것을 하러 갔더니, 요즈음 8살이 되어서 영어 공부 시작하는 아이가 어디 있냐고, 도대체 엄마는 그동안 뭘 했냐는 지청구를 들었다. 학원 서너 군데를 돌았지만 아이가 들어갈 만한 수준의 반을 찾지 못했다. 유치원생들과 같은 반에서 수강하는 방법밖에 없다고 했다. 좌절하던 찰나, 어떤 열혈 학부형 덕분에 흔하디흔한 영어 유치원 문턱도 밟아 보지 못한 몇 명의 아이들을 모아서 새로운 반을 하나 열었다는 연락을 받았다. 야호! 딸아이도 '드디어' 영어 학원생이 된 것이다.

학부모가 되면서, 또 사교육이라는 망망대해에 뛰어 들면서 우리 사회는 엄마가 혹은 부모가 뭐든 잘하지 않으면 아이를 실패자로 만든다는 논리가 지배하고 있다는 것을 뼈저리게 느낀다. 서점에 깔린 자녀 교육서만 훑어봐도 알 수 있다. 우선 제목만 들어도 기가 팍 죽는다. '엄마표'로 시작하는 각종 자녀 교육서는 그래도 점잖은 편이다. 이제 한 발 더 나아가 엄마가 아이의 마음도 치료해 주고, 엄마가 아이의 사회관계까지도 관리해야 한단다. 엄마가 이러저러했다가는 아이를 망치게 되네, 아이를 '성공적'으로 키우는 엄마의 태도는 어쩌고저쩌고해야 하네, 온갖 담론이 난무한다. '자식은 엄마 하기 나름'이라고, 더 분발하라고 채찍질한다. 엄마가 정신 차리지 않으면 아이에게 큰일이라도 날 것 같다. 막상 내가 가진 능력은 아주 보잘것없는 것 같은데, 나는 스스로도 어쩌지 못하는 그냥 어미일 뿐인데, 세상은 나더러 자꾸 강해지라고, 똑똑해지라고, 유능한 엄마가 되라고 요구한다.

도대체 어찌하오리까? 눈알이 핑 돈다.

어린 딸아이가 '간단한 영어 문장'(물론 내 눈에는 절대 간단하지 않지만)에 답하지 못하는 것도 다 엄마가 빠릿빠릿하지 못한 탓이고, 수학 경시대회 상을 받아 오지 못하는 것도 못난 부모 탓인 것만 같아 가슴이 답답하고 입이 바싹바싹 탄다.

어디까지가 엄마의 몫인가? 무엇이 엄마의 역할인가? 어떤 엄마가 잘난 엄마인가? 나는 우리 아이를 잘 키울 수 있을까? 그러면 어떻게 키우는 것이 잘 키우는 것일까?

서울대를 나온 엄마들은 아이를 어떻게 키울까

딸아이가 7살 때의 일이다. 놀이터에서 친구와 놀다가 너무 재미있었는지 그 친구를 집에 데리고 왔다. 선약이 있었던 탓에 안 된다고 돌려보냈다. 며칠 후 그 친구와 길에서 만났다. 딸아이는 우리 가족이 등산을 가던 중이라는 것도 잊고 친구에게 놀이터에서 꼭 기다려 달라고, 금방 돌아오겠다고 말했다. 나는 엄한 표정으로 딸아이를 꾸짖었다. 금방 돌아올 수 없다고, 그러니까 친구에게도 기다리지 말라고 이야기하라고. 딸아이는 그렇게 친구에게 전했다.

등산을 다녀온 나에게 문자 메시지가 도착했다. '개념 없는 아이 때문에 우리 아이 상처 받아요. 거짓말쟁이로 키워서 남한테 피해 주지 마세요. 개념 없는 당신 딸 때문에 우리 가족 스케줄 다 엉망 됐어요.' 발신자는 그 친구의 엄마였다. 순간 머리가 하얗게 되는 느낌이었다. 같이 자식을 키우는 어미로서 아직 어린이집을 다니는 딸아이의 친구에게 '개념 없다'는 독설을 아무렇지도 않게 할 수 있는 그녀의 행동은 실로 큰 충격으로 다가왔다.

그날의 사건이 그래도 다행인 건, 연구실 선배들과 속풀이 수다를 떨면서 그녀의 학벌이 도마에 올랐다는 점이다. 그녀는 바로 '서울대 엄마'였던 것이다. 그러면서 도대체 서울대 출신의 여자들이 아이를 어떻게 키우고 살까, 하는 것이 궁금해져 버렸다. 말하자면, 그날의 작은 사건이 이 책의 도화선이 된 것이다.

서울대를 나온 엄마라 하면 그 자신도 똑똑할 것 같은, 그래서 아이도 똑소리 나게 잘 키울 것 같은 막연한 느낌이 든다. 그런데 과연 그럴까? 다른 엄마들과는 다르게 아이를 키울까? 그녀들은 우리 사회의 기준에서 '좋은 엄마'의 스펙트럼에 포진해 있을까?

서울대 출신 엄마. 어릴 때부터 공부를 잘했고, 그래서 가족으로부터 학교로부터 또 지역사회로부터 기대와 칭찬 속에서 자라났을 거라 짐작되는 여자들. 최고라고 하는 대학에서 사회 지도층이 될 사람으로 훈련받았을 것으로 추정되는 여자들. 그래서 뭐든 잘 알아서, 척척 할 것 같은 서울대 나온 엄마. 그런 서울대 엄마라면 '엄마가 이러이러해야 아이가 잘된다'는 우리 사회의 신화가 진실인지, 혹은 허망한 신기루에 불과한지 알려 줄 수 있는 좋은 지점이 되지 않을까? 우리의 수다는 이렇게 정리되고 있었다.

하지만 그 전에 먼저 돌아보아야 할 대상이 있었다. 역시 서울대 엄마인 나 자신이었다.

완전한 엄마의 허와 실을 찾아

매년 수능을 압둔 시기가 되면 연일 신문과 뉴스에서는 자녀보다 더 고충을 겪는 고3 엄마들의 하소연이 쏟아진다.

"낳은 죄가 있는데 자식이 짜증을 내도 다 받아 줘야지, 어떡하겠어요."

"엄마가 이렇게 힘든 일을 하는 줄 몰랐습니다. 정말로 가끔은 도망치고 싶었어요."

"애가 둘인데, 입시를 겪을 때마다 한국에서 살고 싶지 않다는 생각이 굴뚝같아요."

"등교할 때 축 처진 아이의 뒷모습이 정말로 가여워요. 지는 싸움에 나가는 사람처럼. 중요한 것은 엄마인 내가 해 줄 게 많이 없다는 거예요. 그래서 정말 미안해요."

그런데 입시를 코앞에 둔 고3 엄마들만 이러한 것은 아닌 듯하다. 이미 큰아이가 사춘기의 핵심인 중학교 3년을 보내 버린 나 역시 고3 입시생을 둔 부모 못지않게 마음이 무겁고 당황스럽다. 왠지 모를 열패감에 시달리기도 하고, 과연 어떤 지점에서 내가 잘못된 선택을 한 것일까 싶어, 아이가 태어나면서부터 지금까지 나의 행적을 되짚어 가며 스스로의 잘못을 반추하기도 한다. 체념하기도 했다가, 도망치고 싶어 하기도 하고, 다시 마음잡고 '너를 위한 것이다'라는 명분을 내세우며 아이를 코너로 몰아세우기도 한다. 종국에는 모든 것이 다 내 잘못인 것 같고 그럴 때면 자책감으로 숨 쉬기도 괴롭다.

아이가 제법 똑똑하다는 것이 마치 나의 능력인 양 착각하던 시절이 있었다. 그런데 이 아이가 사춘기의 핵심에 접어들면서 그 보랏빛 환상은 철저히 깨지기 시작했다. 중학생이 된 아이는 학업에 부적응하는 듯 보였고, 그러던 어느 날 드디어 학교로부터 나를 찾는 호출이 왔다.

"어머님, 내일 학교로 와 주셨으면 합니다."

"네? 무슨 일인가요?"

"오시면 말씀드리지요. 내일 제 수업이 2시 반에 끝나니 그 이후에 오세요."

선생님의 갑작스러운 전화, 싸늘한 목소리에 마음이 쿵쾅쿵쾅했다. 내가 자라는 동안에는 이런 일이 한 번도 없었다. 학교에서의 엄마 호출이라니! 어릴 때는 경험해 보지도 않았고 상상조차 해 본 적 없던 일이 엄마가 된 나에게 일어난 것이다. 일단 아이를 다그쳤다.

"도대체 무슨 일이야? 왜 선생님이 엄마를 오라고 하는 거니?"

아이도 그 이유를 잘 모르겠다며, 서슬 퍼런 엄마의 질책에 기가 질려 울상을 짓는다. 그러면서 그동안에 있었던 학교생활과 선생님 들에 대한 갑갑함을 마구 쏟아 놓았다. 한참 동안 넋 놓고 아이의 이 야기를 듣다가 퍼뜩 '왜 내가 이렇게까지 조바심을 내고 아이를 믿 지 못할까?' 하는 자각이 일어났다. 학교 다니는 동안에 늘 착하고 야무진 아이, 예의 바른 아이, 선생님 말씀을 어긴 적 없는 아이라는 칭찬을 '지겹게' 들으면서 그야말로 '범생이'로 살아왔던 나였기에, 나와 너무나 다른 내 아이를 이해하지 못했다. 내가 한 번도 가 보지 않았던 길을 가려는 내 아이를 나는 어떻게 받아들여야 하는 것일 까? 아이를 이해하지 못하는 엄마는 비단 나뿐인가? 나만 그런 것일 까? 아니면 나와 비슷한 처지의 엄마들도 이러한 경험을 할까? 도대 체 무엇이 문제일까? 그동안 내가 배운 것은 어디에 필요한 것이었 단 말인가? 어쩌면 난 쓸데없는 공부에서만 최고를 달렸던 바보 엄 마였을까?

아이를 키우면서도 끊임없이 나의 일에서 멀어지지 않으려 노력 했다. 적어도 아이에게 부끄럽지 않은 엄마가 되고자 했고, 동시에 사회가 요구하는 엄마 역할에도 충실하고자 했다. 하지만……. 현재

나는 부모로서 잘한 것이 없는, 죄책감 가득한 엄마일 뿐이라는 생각이 든다. 강단에서는 사회로부터 요구받는 엄마 역할, 아내 역할로부터 자유로워져야 한다고 외쳐 왔다. 하지만 집에 들어와서는 아이의 모든 행동과 결과를 나에 대한 평가로 받아들이며, 한숨 쉬고 다그치고 비난하는 이중적인 모습을 보인다. 그리고 어느 날 문득 '나만 그런가?' 궁금해졌다.

조금만 고개를 돌려 보았다. 아이를 잘 키우는 엄마들의 이야기가 도처에 널려 있다. 영재 수준의 아이를 만들 수 있는 방법은 무엇인지, 그리고 그런 아이에게 부모로서의 역할은 어떠해야 하는지 등에 대한 의견들이 담긴 사례가 넘쳐 난다. 잘난 부모라는 말을 듣고 싶어서가 아니라 그저 아이에게 떳떳한 부모가 되고 싶다는 소박한 바람으로 사회가 강제하는 부모 역할에 충실한 이들을 만나는 것은 어렵지 않다. 그런데도 왜 우리의 현실은 이전과 비교해 더 힘들고 팍팍할까?* 그 이유는 무엇일까? 어쩌면 말이다, '어떻게 하면 아이를 잘 키울까?', '어떻게 하면 완벽한 엄마, 좋은 엄마가 될까?'라는

---

* 한국의 자살률은 경제협력개발기구(OECD) 국가 중 1위라는 꼬리표를 수년째 달고 있다. 보건복지부가 발간한 「OECD 헬스데이터 2012」에 따르면, 2010년 기준 우리나라의 10만 명당 자살률은 33.5명으로 OECD 회원국 평균인 12.8명보다 2.6배 높았다. 특히, 2000~2010년 사이에 자살률이 101.8퍼센트나 증가한 것으로 나타났다. 인구 고령화와 실업률 증가와 같은 급격한 사회 구조의 변화에 따른 육체적, 정신적 박탈감이 전 세대에서 나타나고 있다. 10~14세 청소년의 자살률은 2011년 1.8명으로 높지 않지만 2000년 0.7명에 비해 2.6배나 많아졌다. 과도한 학업 스트레스와 비뚤어진 교우 관계, 세대 간의 단절 등이 이유일 것이다.

좋은 엄마, 좋은 부모 역할 담론에서는 결코 그 해답을 찾을 수 없을 것이라는 생각이 들었다.

이 같은 문제의식 또한 이 책의 출발점이 되었다. 그리고 현재 한국 사회에서 자녀를 키우는 부모들이라면 누구나 한 번쯤 꿈꿔 보았음 직한, 또는 관심을 가져 보았음 직한 '서울대'라는 렌즈를 활용하고자 했다. 우리 사회가 대한민국 최고의 엘리트 집단이라고 인정해 왔던 그들. 학벌 권력을 밑거름으로 경제적인 안정, 높은 사회적 지위, 심지어 좋은 배우자를 찾기 위한 기회마저 부여받았을 것이라고 여겨지는, 개인으로서 완벽한 권리를 누려 왔을 것이라 짐작되는 그들! 그런 그들이 엄마로서의 모습은 어떻게 꿈꾸고 있는지를 살펴봄으로써, 우리가 생각해 온 좋은 엄마, 완전한 엄마의 허와 실을 탐색하고자 했다.

그녀들을 만나다

서울대학교를 졸업한 엄마들은 과연 자식을 어떻게 키우고 있을까? 이들은 엄마로 살면서 무엇에 대해 고민하고 힘들어 할까? 적어도 서울대학교에 들어갈 정도의 실력과 노력을 겸비한 그녀들이라면 사회의 그 어떤 거센 풍파에도 휩쓸리지 않고 내 방식대로의 엄마 노릇을 고집할 수 있지는 않을까? 그녀들이 생각하는 완전한 엄마는 어떤 엄마일까?

우리는 이와 같은 질문 보따리를 안고 24명의 '서울대 엄마들'을 만났다. 엄마들과의 인터뷰는 2012년 3월부터 8월에 걸쳐 진행되었다. 1대 1로 2, 3회에 걸쳐 만나 심층 인터뷰를 했다. 개별 인터뷰와는 별도로 서울대 출신 엄마들 몇 명과 함께 만나, 서로의 생각을 듣고 나누는 포커스 그룹 인터뷰*도 병행했다. 인터뷰에 참여한 서울대 졸업생 엄마들 총 24명의 기본적인 사항과 삶의 주요 여정 및 특징은 본문에 앞서 소개해 놓았다. 연구 참여자가 아니더라도 주변의 친구와 후배, 선배들도 우리의 귀찮은 질문에 일일이 답해 주었다. 소개받아 만난 타 대학 출신의 엄마들이나 가까이 지내는 학부형들도 우리 연구를 도와준 고마운 분들이다.

인터뷰 대상자는 비교적 어린 자녀를 둔 서울대 엄마들로 제한했다. 너무나도 불행한 이야기지만, 현재 우리 사회에서 중고등학교 자녀를 둔 엄마들의 관심사는 온통 입시뿐이다 보니 자녀 양육과 관련하여 함께 이야기 나눌 수 있는 주제가 제한되어 있다고 보았기

---

* FGI(Focus Group Interview) : 대표적인 질적 연구 방법 중의 하나로, 특별한 속성을 지니는 사람들의 공통된 자질이나 관심을 이해하기 위하여 4~12명의 사람들을 동시에 인터뷰하는 방법이다. 진행자가 제시하는 주제를 중심으로 참여자들이 자유롭게 토론하는 방식으로 진행된다. 참여자들 간의 활발한 의견 교환을 통해, 개인 인터뷰에서는 잘 드러나지 않던 집단의 특징을 살펴볼 수 있는 장점이 있어, 이번 연구에서 활용했다.

때문이다. 이 책의 의도는 자녀에 대한 교육 매니저이자, 대학 보내기 TF task force 팀 팀장으로서가 아닌, 그냥 '엄마'로서의 이야기를 듣고자 하는 것이었다. 그들이 가진 자녀 교육에 대한 생각과 나름의 철학이 무엇이며, 그것이 사회에 의해서 어떻게 영향을 받고 조율되어 가는가에 대해 알고자 했다. 또한 자녀의 학업 이외에 그녀들이 느끼고 생각하는 것, 여자로서 엄마로서 살아가는 삶에 대해 이야기를 나누고자 했다. 그래서 '입시에 매인 엄마'에서 한 발짝 떨어져 있는 엄마, 즉 학령기를 시작하는 초등학생 자녀 또는 초등학교 입학 이전의 자녀를 둔 엄마들로 인터뷰 대상을 한정했다. 다만 이미 자녀를 대학에 보낸 경험이 있는 서울대 졸업생 엄마들도 인터뷰를 해서 가족이 처한 발달 단계별로 그녀들이 가지는 고민의 수위를 비교해 보았다.

서울대학교 출신이라는 것의 의미는 학부 과정, 또는 석사나 박사 과정을 졸업한 것으로 규정했으며, 비교적 여러 단과 대학 및 전공 영역 졸업생을 만나기 위해 관계망을 총동원했다. 덕분에 다양한 사회적 활동을 하고 있는 취업 여성뿐만 아니라 가정에서 자녀 교육에 심혈을 기울이는 전업 주부도 함께 만나 볼 수 있었다. 앞서 밝혔듯이 서울대 엄마들뿐만 아니라 아이를 키우는 많은 엄마들과 만나 이야기를 나눈 것이 이 책의 내용을 더 풍요롭게 만들어 주었다.

그녀들의 이야기 속으로

엄마들은 자녀의 발달 과정을 세심히 관찰해야 되며, 이를 통해 아이의 작은 특성 하나라도 재빨리 감지할 것을 요구받는다. 그리고 그러한 과정에서 아이가 받을 감정적 상처까지도 관리함으로써(나의 상처에 눈 돌릴 틈도 없이) 소위 '성공한 아이'로 만들어야 한다는 당위적 과업에 허덕여 왔다. 적어도 '이 정도는 해 줘야' 부모로서 중간은 되는 것이라며, 사회가 요구하는 기준과 자신을 끊임없이 비교하고 평가하면서 스스로의 부족함에 괴로워했다. 아이가 공부에 관심이 없는 것도, 게으른 것도, 특목고나 명문대학교에 입학하지 못한 것도, 그리고 심지어 취직을 못하는 것, 결혼을 제때에 하지 않는 것, 결혼해서 잘 살지 못하는 것까지도 그 원인을 엄마 자신에게서 찾으면서 스스로를 나쁘다고 무능하다고 책망해 왔다. 당신은 본 적이 있는가, '엄마'라는 이유만으로 스스로를 귀하고 자랑스럽게 여기며 칭찬하는 이들을?

여기 서울대를 졸업한 엄마들이 있다. 적어도 스스로의 삶에 대해 자신감을 가졌으며, '엘리트 인생'을 살아 보았을 것이라고 짐작되는 그녀들. 부모들에게 자랑스러운 딸이었을 그녀들이 엄마가 되면서 경험하는 삶의 모습과 그녀들의 생각, 느낌을 살펴봄으로써 과연 한국 사회에서 어떤 엄마라면 잘해 왔다는 평가를 받을 수 있는

지를 따져 보고 싶었다. 잘난 엄마 노릇을 강요하는 우리 사회의 분위기에 반기를 들고 싶었다. 엄마 노릇에 불안해하고 자신 없어 하며, 모든 문제를 스스로의 과오에서 찾고 있는 수많은 엄마들에게 면죄부를 주고 싶었다. 그래서 그녀들이 필요했다.

서울대 엄마! 과연 그녀들은 어떻게 '엄마'로 살아가고 있나? 자신의 엄마 역할을 어떻게 평가하고 있는지, 그리고 서울대 엄마의 모습은 다른 이들의 시선에 어떻게 비추어지고 있는지를 들어 보았다.

그때부터였다. 고민이 깊어지기 시작한 건. 그녀들로부터 듣게 된 이야기는 대중이 듣고 싶은 팬시fancy한 이야기와는 거리가 멀었다. 그러면서 그녀들의 이야기를 잘 전해야 한다는 사명이 생겼다. 메시지가 더욱 분명해진 것이다. 그래서 두려웠다.

이 글을 쓰면서 몇 가지 원칙을 정해 두었다.

첫째, 이 글은 '서울대 엄마'들을 옹호하기 위한 것도, 비난하기 위한 것도 아니다. 단지 그녀들이 들려준 솔직한 이야기를 충실하게 기술함으로써 그녀들의 삶의 모습을 오롯이 전하고자 했다.

둘째, 엄마 역할이 가치 있고 즐겁다는 것을 부인하지는 않는다. 다만 우리의 현실이 엄마 역할을 마음 편하게, 충만하게, 안정적으로 수행하는 것을 어렵게 하는 것이 사실이다. 이러한 현실에서 모든 엄마들이 나아갈 바를 모색하고자 했다. 엄마들이 시류에 흔들리거나 휩쓸리지 않으면서 중심을 잡고 아이를 기를 수 있는 조건은 과연 무엇인가를 탐색하고자 했다.

셋째, 위와 같은 맥락에서 어떻게 하면 아이를 잘 키우는 엄마인가보다는, 엄마이자 인간으로 살아가는 여성의 삶에 방점을 두고자 했다. 따라서 이 책은 결코 '자녀를 명문대에 보내는 방법'이라든가 '100점 맞는 아이로 키우는 비법'을 알려 주지 않는다. 그런 정보를 알려 줄 능력도 의지도 없다. 다만 서울대 엄마들이라는 렌즈를 통해 우리 아이들이 살아갈 미래를 내다볼 수 있고 엄마들 자신의 삶을 돌아볼 수 있는 작은 기회를 만들고자 했다. 그래서 이 땅에서 살아가는 많은 엄마들이 위로를 얻는다면 필자에게는 큰 기쁨일 것이다.

책 안에서 화자는 '나' 한 사람으로 통일해 두었지만 실제로 인터뷰에서 집필에 이르기까지 모든 과정을 두 명의 필자가 함께했음을 분명히 해 둔다. 두 사람이 치열하게 토론하고 서로에게 의지하며 함께해 왔기에 이 작업을 해낼 수 있었다.

자, 당신은 매일 아침 눈을 뜨면서 좋은 엄마가 되어야 한다고 다짐하며 하루를 시작하는가? 잠들기 전에는 나쁜 엄마로 하루를 살았다며 스스로를 원망하는가? 이렇게 이해되지 않는 책임과 부담을 전적으로 느끼고 있는 당신에게 서울대 엄마들은 무슨 이야기를 들려주게 될까?

인터뷰에 참여해 준 24명의 서울대 엄마들이다. 모두 사실과 다름없으나 다만 사생활 보호를 위해 이름은 모두 가명을 썼다. 이 24명 외에 본문에 등장하는 인물들에게는 이니셜을 사용하였다.

김영랑 ★ 미술대학, 41세. 김영랑 씨는 지방 일반계 고등학교 출신으로 서울대 미대에 입학한 입지전적인 인물이다. 고등학교 2학년 때에야 본격적으로 미술을 시작해 남들보다 시작은 늦었다. 하지만 현재 김영랑 씨에게 가장 큰 즐거움은 바로 자신의 전공이자 '일'이라고 한다. 김영랑 씨는 박사 논문 준비로 한창 바쁘지만, 시간을 쪼개어 전시회를 여러 번 개최할 만큼 자신의 일을 즐긴다. 현재 초등학생인 두 자녀를, 그녀의 표현대로 "목동의 잡초"로 자유롭고 느리게 키우고 있다.

김지영 ★ 약학대학, 40세. 김지영 씨는 지방 중소도시에서 서울대로 진학했다. 현재 두 딸을 키우며 월급 약사로 근무 중이다. 과 선후배로 만나 결혼한 남편은 계속 공부하여 교수로 일하고 있다. 종신임용의 요건을 채워야 하는 남편은 너무 바쁜 나머지 육아와 집안일에 거의 참여하지 않는다. 지방에서 아들 둘을 모두 서울대에 입학시킨 시어머니는 김지영 씨를 '딸만 둘 낳은 며느리'라고 차갑게 대한다. 김지영 씨는 그 점이 늘 분하고 속상하다고 한다.

김호연 ★ 사회과학대학, 41세. 김호연 씨는 현재 박사 과정을 수료하고 논문 준비에 정신없며, 초등학생인 두 자녀를 두고 있다. 사업을 정리하고 다시 공부를 시작한 남편을 대신해서 빨리 학위를 취득해 자리를 잡아야 하는 것이 김호연 씨의 가장 시급한 과제라고 한다. 그럼에도 불구하고 중학교 입학을 앞둔 사춘기 아들, 아직 어린 딸의 공부와 학교생활도 봐줘야 한다는 점에서 늘 마음이 조급하고 여력이 없다. 아들의 중학교 입학을 앞두고 교육 특구로의 이주를 단행했다.

노소라 ★ 사회과학대학, 39세. 노소라 씨는 학부 졸업 후, 전공을 바꾸어 전문 통역사로 일하면서 아이 셋을 키우고 있다. 현재 통역 대학원에서 박사 학위 논문을 준비 중이며 강사로도 활동하고 있다. 뿐만 아니라 다양한 국제 행사에서 전문 통역사로 일하느라 눈코 뜰 새 없이 바쁘다. 그런 노소라 씨의 가장 든든한 지원자는 동갑인 남편과 친정어머니이다.

박신혜 ★ 사회과학대학, 49세. 박신혜 씨는 80년대 학번으로, 현재 언론사 부설 연구소에서 연구위원으로 일하고 있다. 작년에 외동딸이 서울대에 입학해, 부모와 딸이 동문이 되었다. 육아로 힘들어하는 여자 후배들에게 가능한 일을 그만두지 말라는 이야기를 기회가 될 때마다 한다고 했다.

박영신 ★ 사회과학대학, 40세. 박영신 씨는 현재 사립대 교수로 재직 중이다. 법조인 남편과 초등학생 딸 하나를 둔 전문직 부부로, 강북에 살다가 최근 친정 근처인 강남으로 이사했다. 엄마의 집중적인 보살핌을 받지 못하는 딸아이가 늘 안쓰럽고, 전업주부인 올케의 아이들이 상대적으로 월등하게 돌봄을 잘 받고 있다는 생각에 애가 탈 때가 많다.

변화영 ★ 생활과학대학, 36세. 변화영 씨는 대기업 과장으로, 두 딸을 키우는 워킹맘이다. 중고등학교 시절에는 일하는 어머니를 도와, 반신불수로 몸을 제대로 쓰지 못하는 할머니를 간병했다. 집안 형편이 넉넉지 않아 대학 시절에는 각종 아르바이트를 섭렵하며 학비를 조달했다. 아이를 손수 키우며 회사에 다니는 것이 쉽지 않아 본의 아니게 잦은 이직을 했는데, 이 때문에 현재 일하는 직장에 면접 볼 당시 "이력서가 왜 이리 더럽냐?"는 지청구를 들었다고 한다.

송윤수 ★ 사회과학대학, 41세. 송윤수 씨는 정부 산하 은행에서 연구원으로 일하고 있다. 원래는 기자로 일하다가 대학원에 진학했고, 박사 학위 취득 후 진로를 수정해 근무 조건이 좀 더 안정적인 연구소에 취업했다. 지방에서 근무하는 남편과는 주말부부로 지내고 있으며, 친정어머니가 함께 살며 살림과 육아를 돕고 있다.

신유미 ★ 법학대학, 39세. 신유미 씨는 지방 출신으로, 이미 대학 졸업 전에 사법고시에 합격했다. 현재 유명 로펌에서 변호사로 일하고 있다. 회계사인 남편과 두 자녀를 두었으며, 교육의 중심지인 강남에 거주하고 있다. 올해 초등학교에 들어간 큰딸 교육이 가장 어려운 일이지만 다행히 남편이 아이를 챙기는 데 많은 도움을 준다. 귀여운 자녀들을 볼 때마다, 서울대 출신만 아니었다면 전업주부의 삶을 쉽게 선택했을 거라는 생각이 가끔씩 들 때가 있다고 말한다.

심이정 ★ 사범대학, 39세. 심이정 씨는 매사에 자신감 넘치는 모습이 인상적이다. 교육열이 남다르게 높은 부모님의 영향으로 사립 초등학교를 다니고 강남에서 중고등학교를 졸업했다. 현재는 교사로 재직 중이며 직업에 대한 사명감이 강하다. 지역 사회 운동에도 관심이 많다 보니 늘 바빠서, 기자인 남편이 많은 부분 자녀 양육의 책임을 나누고 있다. 자녀를 돌보는 문제 때문에 친정 부모님과의 합가를 고민 중이라고 했다.

양미진 ★ 공과대학, 36세. 양미진 씨는 해외 근무를 한 아버지를 따라 외국에서 살다 귀국한 후, 재외국민 특별전형으로 서울대에 입학했다. 입학 후 한동안 콤플렉스에 시달렸지만, 학교생활에 잘 적응하면서 곧 극복했다. 남편과는 대학 시절 과 커플로 만나 결혼했다. 졸업 후 회사에 다니다가 임신과 육아에 대한 고민으로 대학원 진학을 결정했다. 박사 학위까지 마친 지금은 전문직 공무원으로 일하고 있다. 지방에서 아이를 혼자 키우며, 서울에서 일하는 남편과는 주말부부로 지내고 있다.

오준희 ★ 경영대학, 40세. 오준희 씨는 대학 졸업 후 회사원으로 일했고, 육아 휴직 중에 대학원 진학을 결정했다. "애도 키우면서 학위도 생기는 괜찮은 선택"이라는 생각이 들었기 때문이라고 한다. 박사 학위 취득 후 현재는 마케팅 전문 회사에서 일하고 있다. 초등학생인 딸과 늦둥이 아들을 두고 있는 오준희 씨의 요즈음 가장 큰 고민 역시 다른 엄마들과 마찬가지로 큰아이의 학업 문제이다.

옥현승 ★ 인문대학, 38세. 옥현승 씨는 지방 출신으로, 현재 프리랜서 화랑 딜러로 활동하며, 자녀 둘을 키우고 있다. 남편이 장기간 고시 준비를 하느라 시부모님과 함께 살

왔다. 남편의 취업으로 한때 분가하기도 했지만 시어머니의 암 투병 때문에 다시 합가했다. 옥현승 씨는 새벽마다 대식구를 위한 아침 식사를 준비하는 것으로 하루를 시작한다고 한다.

윤선희 ★ 사범대학, 39세. 윤선희 씨는 대학 졸업 후 출판사에서 일했고, 현재는 전문 번역가로 활동하며 박사 논문을 준비 중이다. 딸아이를 데리고 독일로 짧은 유학을 다녀온 뒤, 사교육에 열광하는 우리나라의 교육 분위기가 더욱 이상하게 여겨진다고 한다. 과 커플이었던 남편은 영어 교사로 일하고 있는데, 윤선희 씨 부부는 영어 조기 교육에 회의적이다.

윤주선 ★ 음악대학, 36세. 윤주선 씨는 결혼하면서 남편과 유학을 가기로 했지만, 사정이 여의치 않아 꿈을 접었고 현재는 전업주부로 살고 있다. 지금까지도 전공을 살려서 입시 과외를 해 보라는 주변의 기대가 있다. 하지만 윤주선 씨는 그럴 생각이 전혀 없으며, 그보다는 육아와 재테크에 관심이 크다고 한다. 그래서 '엄마표' 교육에 전념하면서 부동산 투자를 배우고 있다.

이민경 ★ 농생대학, 34세. 이민경 씨는 지방에서 서울대로 진학했다. 졸업 후 유학을 준비하다가 진로를 급선회해, 의약계열 학과에 새롭게 입학하여 현재 의사로 일하고 있다. 진로를 수정하는 바람에 결혼과 출산이 많이 늦어진 편이다. 딸아이 하나를 키우며 남편과 함께 살고 있다. 친정어머니가 육아와 살림에 도움을 주고 있다.

이보애 ★ 생활과학대학, 41세. 이보애 씨는 변리사로 일하고 있으며, 초등학생인 딸 하나를 둔 주말부부다. 대기업 부장인 남편의 지극한 외조로 미국에서 특허 관련 석사 학위를 취득했다. 이보애 씨는 주중에는 자녀 양육을 전담하느라 눈코 뜰 새 없이 바쁘지만 가급적 아이의 학교 행사나 엄마들 모임에도 빠짐없이 참석하려고 한다. 그러하다 보니 업무 스케줄을 융통성 있게 조절할 수 있는 직종의 덕을 많이 보고 있다며, 자신의 일에 대한 만족감과 자부심을 보였다.

임정주 ★ 농생대학, 44세. 임정주 씨는 대학원 졸업 후, 결혼과 함께 전업주부로 지내게 되었다. 교육 특구라고 할 수 있는 목동에서 자녀 둘을 키우며 남편 사업을 돕고 있는 임정주 씨는 여성들이 재능을 제대로 살리지 못하고 자녀 때문에 가정에 머물러야 하는 한국 사회의 현실을 강하게 비판했다. "서울대를 나와서 그냥 엄마만 하고 있다"는 자괴감과 죄책감을 경험하면서, 자신의 딸에게는 군이 서울대를 강요하고 싶지 않다고 거듭 강조했다.

전효주 ★ 의과대학, 41세. 의학박사인 전효주 씨는 모교에서 연구직 공무원으로 재직 중이다. 딸 하나를 두고 있으며, 지방에서 근무하는 남편과 주말 부부로 지내고 있다. 주중에는 근처에 사는 친정어머니의 도움으로 육아와 사회 활동을 병행한다. 늦은 나이에 결혼하여 얻은 딸은 현재 전효주 씨에게 가장 소중한 존재이다. 그렇다고 해서 딸 때문에 자신의 일을 포기하고 싶지는 않다고 말한다. 그렇다 보니 전효주 씨는 "자기 일을 포기하지 않는 엄마라 좋은 엄마는 아니다"는 자조적인 말을 인터뷰 중에 자주 했다.

정상미 ★ 사회과학대학, 42세. 정상미 씨는 박사 과정 수료 후, 늦둥이 육아에 매진 중이다. 현재 두 딸과 법조인인 남편과 함께 강남에 거주하고 있다. 논문이 많이 미루어지고 있는 점이 정상미 씨의 큰 짐이다. 경제적으로 유복한 시댁의 도움으로 늦게까지 공부한 남편은 최근 취업하였다. 이 과정에서 마음고생을 겪었던 정상미 씨는 자녀들이 공부 때문에 어려운 길을 가지 않기를 바라는 마음이 확고하다.

정지수 ★ 미술대학, 38세. 정지수 씨는 강남 출신으로, 어릴 적부터 수재였던 언니에게 치일까 봐 어머니가 미술을 시켰다고 한다. 하지만 정지수 씨의 수재 본능도 숨길 수 없었던 모양인지 예중, 예고, 서울대 미대를 거쳐 유학도 다녀왔다. 현재는 큐레이터로 미술관에서 근무하고 있다. 아들 둘, 딸 하나를 키우는 워킹맘이며, 점심시간을 이용해 모유 수유를 하고 있다. 내년에 초등학교 입학을 앞둔 큰아이를 위해 휴직을 계획 중이다.

조성아 ★ 사회과학대학, 37세. 조성아 씨는 지방에서 고등학교까지 다녔다. 아버지가 직장에서 '성아 아버지'로 불릴 정도로 공부를 잘하는 '유명한 딸'이었다. 대학교를 다니는 동안에는 학생 운동을 해서 잠깐 부모님 속을 썩였지만, 지금은 교수가 되어 누구보다도 자랑스러운 딸이라고 한다. 외동딸을 키워 오다가, 뜻하지 않게 10살 가까이 터울지는 둘째를 낳았다. 첫째에 이어 둘째 아이 육아도 친정 부모님에게 손을 벌려야 하는 상황이다.

황수민 ★ 사범대학, 33세. 황수민 씨는 도(道) 수석까지 할 정도로 어릴 때부터 공부를 잘한 딸이었다. 원하던 과에 진학하지 못한 것으로 인해 잠시 콤플렉스를 겪기도 했지만, 계속 공부하는 길을 선택하였다. 의사인 남편과 두 아이를 키우며 살고 있다. 박사 논문을 쓰면서 살림과 육아를 하는 것이 힘에 부쳐, 멀리 거주하는 친정 부모님에게 도움을 구하고 있다.

홍순정 ★ 치의학대학, 41세. 치과의사인 홍순정 씨는 대학 동아리에서 만난 남편과 결혼하여 아들 둘을 두었다. 남편은 서울대 교수이다. 약사인 부모님 밑에서 자란 홍순정 씨는 부모님의 기대에 미치지 못했던 오빠를 보며, 자녀에게 억지로 공부를 강요하는 것의 폐단을 일치감치 깨달았다고 한다. 그래서 자신과 남편의 스펙이 두 아들의 삶에 큰 부담이 될까 봐 염려와 고민이 많다.

- 인터뷰 내용은 녹취 자료 그대로 싣는 것을 원칙으로 하였다. 문장의 이해를 돕고 읽기에 용이하도록 비문을 손질한 경우는 있으나 임의로 원자료law data의 내용을 수정하거나 훼손한 경우는 없다.
- **참여자나 필자가 인터뷰 과정에서 직접 언급한 내용은 큰따옴표("")** 안에 담았다.

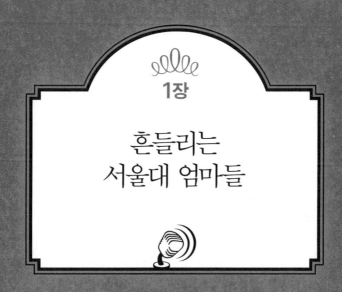

1장

흔들리는
서울대 엄마들

혼란스럽기는
마찬가지

보애 씨는 방학이 시작되기 전부터 마음이 분주하다. 곁에는 살펴보아야 할 서류 뭉치가 잔뜩 쌓여 있지만, 머릿속은 학교에 가 있는 딸아이 생각으로 복잡하다. 일이 손에 잡히지 않는 보애 씨는 이러저리 인터넷을 뒤져 본다. 곧 있으면 방학인데 아이를 어떤 학원에 보내야 될까, 방학 동안 학습 진도가 뒤처지지 않으려면 무슨 프로그램을 연계시켜 줘야 하나, 고민 중이다.

딸아이는 내년이면 초등학교 4학년. 주변 엄마들이 이야기하는 '공부 습관과 성적을 좌우하는 결정적 시기'가 시작되는 것이다. 초등학교 4학년 때 만들어진 공부 습관이나 성적이 이후의 입시 성적을 좌우한다는 논리는 이미 많은 엄마들 사이에서 정설로 받아들여지고 있다. 서점에 가면 『초등 4학년부터 시작해야 SKY 간다』, 『초등 4학년부터 시작하는 자기주도학습법』, 『특목고 초등 4학년 성적이 결정한다』, 『평생 성적, 초등 4학년에 결정된다』 등 제목만으로도 압박감을 주는 책들이 즐비하다. 엄마들도 아이들도 점점 더 이른 시기부터 입시에 대해 초조하고 불안해하는 것이다.

그러니 보애 씨는 다급해질 수밖에 없다. 지금까지 아이가 해 온 것을 보면 '이 정도면 잘 한다'는 위안이 되다가도, 고학년인 아이에게 지금까지의 학습 방법을 고수하는 것이 과연 옳을까, 하는 생각에 초조함이 밀려온다. 수학 과목은 선행 학습이 필수라고 주변 학부모들은 당연한 듯 말하지만, 의문 한 자락을 쉬 떨칠 수 없다. 갑자기 보애 씨는 머리가 지끈거리고, 입 속이 바짝바짝 타들어 가는 기분이 든다. 비슷한 학년의 아이를 둔 엄마들과 다를 바 없이 '자녀 교육'은 보애 씨의 현재 최고 고민이다.

이보애 그런 생각을 하죠. 나는 이렇게까지 공부하지 않았어도 서울대를 들어갔는데. 적어도 공부 잘하는 방법 정도는 내가 잘 알고 있지 않나? 내 경험을 믿고 지금처럼 아이를 놔둬야 하나? 그러다가도 또 이런 거예요. 시대도 변하고 입시 제도도 바뀌고 있는데, 혹시 내가 시대를 못 읽는 아둔한 엄마는 아닌가? 그냥 주변에서 이야기하는 교육 흐름을 따라가는 게 맞는 건 아닐까? 혼자서 질문을 해 보는 거죠.

서울대학교, 소위 대한민국 최고의 학벌을 타이틀로 가진 여자들. 그녀들도 아이를 낳고 엄마가 되면서 보통의 엄마들과 똑같이 '엄마 역할'로 고민 중이다. 주위로부터 과도한 관심을 받으며 수많은 경쟁의 틈바구니를 비집고 나온 여자들이기 때문에 엄마로서도 당당히 잘 살아갈 자신이 있었다. '완전한 엄마'로 살아갈 수 있다고 믿었는데…….

지금 서울대 엄마들은 불안하다. 흔들린다. '엄마'라는 이름표에 걸맞은 역할을 제대로 하고 있는 것인지, 특히나 공부 잘한 경험이 아집이 되어 오히려 아이에게 독이 되는 것은 아닌지 혼란스러워하고 있다.

상위 1퍼센트 중에서도 1퍼센트에 속하는 수재라고 할 만한, 공부라면 타의 추종을 불허했던 유미 씨. 서울대 법대 출신 엄마로 현재 유명 로펌의 수석 변호사다. 서울 시내 한복판 유명 일식집에서 만난 유미 씨의 첫인상은 오랫동안 전문직에 종사한 커리어우먼 그 자체였다. 단정하면서도 격조 있는 옷차림과 말투, 인터뷰 중 식당에서 만난 동료 변호사들과 업무 관련 인사를 나누는 모습을 보며 그녀가 나와 같은 '엄마'가 맞나, 하는 생각마저 들었다. 그런데 막상 아이에 대한 이야기를 시작하자 지금까지의 유미 씨는 온데간데없이 사라지고, 죄책감 가득한 영락없는 '엄마스러움'이 드러났다. "아이는 어떤가요? 잘하지요?"라는 평범한 질문에 유미 씨는 "큰딸 영어 수업이 요즘 가장 고민이에요"라며 한숨을 쉬었다. 사교육의 중심이라고 할 수 있는 강남 한복판에 살고 있으면서도 유미 씨는 여전히 학교 방과 후 영어 수업만을 고집하고 있었는데, 그 이유는 자신의 경험에 있었다.

신유미 저는 지방에 있는 초등학교에 다녔는데 산동네였어요. 그래서 학년이 바뀌어도 반을 바꾸지 않고 그대로 올라가고 그랬던 곳이죠. 당연히 과외나 학원은 없었죠. (중략) 저는 학원 거의 안 다니고 공부해서 여기까지 왔고, 애 입장에서도 1학년 때부터 학원을 다니면 애만 지치고 저한테도 스트레스일 것 같아요. 학교 숙제도 있는데 학원 숙제까지 막 하라고 하는 것도 그렇고. 애가 자발적으로 하는 거면 또 모르겠지만 제가 챙겨야 되는 거고 아이도 너무 하기 싫어했어요. 그게 아이에게도 저에게도 스트레스였어요. (중략) 어릴 때부터 애들을 뺑뺑이 돌리듯 학원 보내는 거 보면 그게 얼마나 타당할지⋯⋯. 운동이고 학습지고 영어 학원이고, 일단 1학년 들어가면서 학교 수업과 숙제에 충실하기 위해 모두 끊었어요.

유미 씨는 초등학교 4학년 때 아버지의 직장일로 온 가족이 미국에 가서 잠시 생활했던 경험이 있다. 유미 씨의 영어 실력은 그때 결정적으로 향상되었다고 한다. 그 당시에 닦은 영어 실력은 중고등학교 시절 학업에는 물론이고 현재 맡고 있는 로펌 업무에도 큰 도움이 되는 자원이다. 이러한 경험 때문에 유미 씨는 영어라는 것이 개인에게 중요한 자원일 수는 있지만 어릴 때부터 '죽어라' 시킨다고 해결되는 영역은 아니라고 생각한다. 오히려 결정적인 몇 년, 혹은 단시간의 집중적인 경험으로도 얻을 수 있다는 것이 유미 씨가 스스로 내린 결론이다. 그래서 사교육 열풍이 폭풍처럼 거센 강남에서도 아이의 영어 교육만큼은 초연하게 버틸 수 있었다.

그런데 큰딸이 올해 사립 초등학교에 들어가면서 상황이 180도 달라졌다. 딸아이가 영어 수업에서 관리가 필요한 아이들만 모아 놓은 특별반에 들어가게 된 것이다. 유미 씨가 받은 충격은 이만저만이 아니었다고 한다.

신유미 아이가 초등학교에 들어가면서부터 매 순간순간이 패닉 상태예요. 주변 엄마들이 아이들 아주 어릴 때부터 영어 유치원에 보내면서 영어, 영어 하는 이유를 이제야 알 것 같아요. 생각해 보면 제가 아이 교육과 관련해서는 신념이 강하고 그러질 않은 것 같네요. 주위에서 또 뭐라 그러면 내 귀가 얇아서 그런가 싶은 때도 종종 있는데 지금 애가 영어 때문에 힘들어하니까. 게다가 딴 애들은 이미 영어를 너무 잘하니까 그런 점에서 영어 교육에 대한 자신감이 없어지네요. 지금은 좀 걱정이 되죠.

유미 씨는 초등학교에서 필요로 하는 영어 수준을 완전히 잘못 예측했다는 것을 아이가 입학한 이후에나 알게 된 것이다. 이제 유미 씨는 자신의 생각이 틀릴 수 있음을 인정하게 되었다. 엄마 자신의 확실하지 않은 정보를 바탕으로 한, 게다가 확고하지도 않은 교육관 때문에 아이에게 어려움을 주었다며 서둘러 자신에게 원인을 돌리기까지 했다.

많은 엄마들을 만나면서 알게 된 흥미로운 사실은, 최근 초등학교에서 아이들에게 요구하는 과제나 평가 항목이 일반적인 예상보다 훨씬 높은 수준이라는 것이다. 적어도 초등학교에 입학하는 순간부터 일정 수준의 읽고, 쓰고, 말하는 능력(국어 과목만의 이야기가 아니다)을 갖추어야 함은 물론, 적절한 수 개념과 연산은 기본이어야 한다는 무언의 압력이 가해지고 있다. 어느 정도 준비된 상태로 학교에 들어가야 되는 것이 학부모라면 가져야 할 '상식'으로 통한다. 한글이나 셈하기를 모르고 학교에 입학하는 아이를 찾아보기 어려운 것은 물론이거니와, 만약 아이가 이러한 준비를 덜 갖추었다면 그 엄마는 교사로부터 비난을 감수해야 한다는 이야기가 엄마들의 입을 타고 회자되고 있다. 그래서 엄마들은 아이의 초등학교 입학을 앞두고 더 초조하고 불안해진다.

이미 한국의 교육 과정은 학교와 교사가 연령별 수준에 맞춰 아이들을 이끌어 가기보다는 아이들에게 '전문 보조 교사', 즉 학습을 지도해 주는 전업주부 엄마가 상시 구비되어 있다는 전제 하에 운영되고 있다는 것이 내가 만난 엄마들의 불만이었다. 서울대 출신이든 아니든 많은 엄마들에게서 이 같은 불만을 공통적으로 들을 수 있었다. 이러니 아이의 초등학교 입학은 엄마 능력 검증이 시작되는 첫 관문이 되는 것이다. 이번에 큰아이가 초등학교에 들어가게 된 어느 후배는 앞서 아이를 학교에 보낸 경험이 있는 선배들로부터 "정신 바짝 차려. 아이 성적은 전부 너 하기 나름이야"라는 조언을 듣고 마치 수험생을 둔 학부모처럼 벌써부터 긴장된다고 이야기했다. 아니, 긴장만 되는 것이 아니라 도대체 무엇을 준비해야 할지 몰라 우왕좌왕 마음의 갈피를 잡지 못하고 애꿎은 아이만 닦달하게 된다며 울상이다.

인터뷰에 참여한 24명의 서울대 엄마들은 인터뷰 초입에는 대부분 비슷한 이야기를 하였다.

"입시 공부라는 게 마라톤과도 같잖아요. 어릴 때부터 아이를 지치게 하고 싶지 않아요. 오히려 저는 초등학교 때부터 탁월하게 공부를 잘했다기보다는 천천히 공부를 즐기며 한 경우였어요. 그러니까 우리 애한테도 어릴 때부터 공부를 강요하지는 않으려고요."

"부모님의 치밀한 계획과 지원으로 제가 만들어진 게 아니었어요. 제 스스로 공부했고 어느 누구로부터도 지나친 간섭을 받지 않았어요."

"부모님과 선생님으로부터 인정을 받는 게 좋았고, 그렇게 저 자신을 자랑스럽게 여긴 경험이 시너지 효과를 냈어요. 공부와 관련해서는 저의 그런 노하우를 애들한테 잘 전달해 주고 싶어요."

이러한 생각은 나름 명문대 출신의 똑똑한 엄마들이 가질 수 있는 교육적 자신감으로도 보였다. 그런데 인터뷰가 진행되면서 그녀들은 아이의 초등학교 입학 혹은 고학년 진급을 계기로 자신감과 믿음이 무너지는 경험을 하게 되었음을 고백했다. 게다가 아이러니하게도 입시 제도 안에서 최고의 성취를 이루었던 그 경험이 오히려 그녀들을 더욱 불안하게 만드는 근원지가 되고 있다는 분석도 했다. 소녀가 엄마가 되는 동안 교육 환경이 크게 바뀌어 버린 것이 원인이다. 그녀들은 달라진 현실에 낯설어하며 우왕좌왕하고 있다.

상미 씨는 첫아이의 초등학교 입학을 앞두고 강남으로 거주지를 옮겼다. 강남 엄마들의 자녀 교육에 대한 열의나 태도를 이야기하면서, 상미 씨는 서울대 엄마들이 자신의 경험이라는 덫에 걸려 오히려 자녀 교육에 뒤떨어질 수 있다고 지적했다.

정상미 서울대 엄마들은 실패 확률이 높아요. 시대와 상황이 바뀌었는데도 자신의 경험만을 고집하기 때문이죠. 해서 항간에는 이런 말도 있어요. 이대나 숙대 엄마들 또는 연대나 고대 엄마들이 아이들 대학은 더 잘 보낸다더라. 무슨 말이겠어요? 공부는 잘했지만 서울대를 가 보지 못했던 엄마들이 오히려 더 시대를 잘 읽고 상황을 받아들여서 아이들을 서울대 보낸다는 거죠.

상미 씨는 법조인인 남편과 베갯머리에서 환경 문제나 경제 상황에 대해 한 치의 양보 없는 설전을 벌일 만큼 강한 소신을 가졌다. 하지만 자녀 교육 문제에서만큼은 그러지 못한다. 강남으로 발을 들여놓는 선택을 하는 순간부터 상미씨의 교육관은 무너지기 시작했다. 서울대라는 학벌이 엄마로서의 자신감의 근원이 될 수는 없다고 생각하고 있는 것이다.

'서울대 엄마들' 인터뷰를 준비하면서 많은 사람들에게 인터뷰 대상에 대한 느낌을 물어보았다. 그러면서 서울대 엄마에 대한 다양한 해석이 넘쳐 난다는 것을 알게 되었다. '엄마가 서울대를 나왔으니 아이를 똑소리 나게 잘 키울 것이다', '아이도 엄마 닮아서 공부 잘할 것이다', '똑똑한 엄마라 아이 공부는 문제없이 돌봐주겠다' 같은 호감형 관심이 존재하는 반면에, '엄마가 공부 잘해서 아이는 심하게 스트레스를 받을 듯하다', '자기가 공부를 잘해 보았으니 아이를 얼마나 잡을까?', '서울대 엄마들은 자기 일을 너무 좋아해서 아이에게 별 관심을 두지 않는다고 하더라. 그래서 좋은 대학 들어가는 자녀들이 별로 없다고 하더라' 같은 부정적인 평가까지, 그야말로 다양한 설들이 난분분(亂紛紛)했다.

서울대 엄마를 바라보는 다양한 시선처럼 그녀들은 모두 조금씩 다른 스펙트럼 위에 서 있었다. 하지만 인터뷰를 하면서 그녀들로부터 가장 크게 느낄 수 있었던 감정은 무엇보다도 '혼란'이었다. 그녀들은 내 경험을 기반으로 아이를 키우는 것을 고집해도 될지, 내가 교육 환경의 급격한 변화를 읽어 내지 못하는 아둔한 엄마인 것은 아닌지, 무엇이 아이를 위해 진정으로 옳고 그른 선택인지 알지 못하는, 그래서 답답하고 혼란스러워하고 있는 엄마들이다.

위험한
반쪽짜리 통찰

'내 아이는 특별할 것이다.'

'내 아이는 남다를 것이다.'

대부분의 엄마들은 아이의 출생과 동시에 이 같은 기대를 가지고서 아이를 키우고 교육한다. '좋은 엄마'란 어떤 엄마일까? 우리 사회에서는 적어도 '자녀를 일류 대학에 보내고 사회적으로 성공시킨 엄마'라는 명제로 공고히 설명되고 있는 것이 확실하다. 그래서 엄마들은 아이의 특별함이 곧 자신의 성공이라 믿는다. 자녀의 성취가 엄마로서의 삶의 이력을 평가하는 기준이 되므로, 아이가 명문대학에 들어가도록 지원해 주는 것, 아이가 가진 특별한 능력을 찾아 키워 주는 것이 엄마의 존재 가치를 증명하는 가장 강력한 방법이라고 여긴다. 말하자면, 아이를 낳고 사랑해 주고 보살펴 주는 엄마만으로는 사회적으로 인정받지 못하는 분위기에서 엄마들은 자녀 교육에 치열하게 매달리게 되고, '내 아이는 특별해야 한다', '아이의 남다른 능력을 빨리 파악해 물심양면으로 지원해야 한다', '설령 특별한 능력이 없다고 하더라도 능력을 만들어 내야 한다'고 스스로에게 다짐한다. 아이를 영재로 만드는 비법을 알려 주겠다며 엄마들을 유혹하는 책들이 매달 쏟아지는 것도 이 때문이리라.

그렇다면 보통의 경우와는 다른 경험을 가졌다고 볼 수 있는 서울대 엄마들은 어떠한가? 결론부터 말하자면, 그녀들도 이러한 분위기로부터 자유롭지 못했다. 현재 일하는 엄마든 아니든, 자녀가 많든 적든 그녀들 역시 내 아이는 특별하고 뭔가 남다른 점이 있을 것이라며 '영재성'을 꿈꾼다. 그런데 여기서 그녀들이 차별화되는 지점이 있다. 대개는 비슷한 또래의 평균적 수준과 비교해 영재성을 판단하기 마련이다. 그에 비해 그녀들이 생각하는 영재성, 내 아이의 남다른 특징을 확인하는 기준은 보통 자기 자신이 된다.

서울에 있는 사립 대학의 교수로 재직 중인 성아 씨는 초등학교 2학년인 딸아이의 학습 성향에 대한 질문을 받았을 때, 자신의 어린 시절 경험과 비교해서 비교적 자세히 설명하였다.

조성아 일단 제 경우와 비교해 보면요, 공부로서 승부를 보려면 일단

두 가지 요건이 갖춰져 있어야 돼요. 공부가 재미있어야 되고요, 약간 완벽주의적 성향을 가져야 해요. 그래서 오답 가능성을 최소화시키는 반복적인 공부, 아마도 이게 점수를 만점 가까이 받을 수 있는 요건이 겠죠. 전 초등학교 1, 2학년 때부터 이런 모습을 보였던 것 같아요. 최소한 5학년 정도면 판가름 난다고 생각합니다. 그런데 우리 딸애는 그런 모습을 보이지 않는다는 거죠. 공부를 재미있어하기는 하는데, 글쎄, 완벽주의적인 성향은 안 보여요. 예를 들면 우리 딸은 90점에 맞춰서 공부를 해요. 욕심이 없어서 90점만 넘으면 된다고 생각을 하고 있네요. 그런데 90점 받아서는 서울대 못 가요. 실수 하나도 용서 안하는 게 서울대 입학 전형의 특징이니까요.

인터뷰 과정에서 서울대 엄마들은 어린 시절을 떠올리며 이런 말을 하곤 했다.

"어려서부터 다방면에 걸쳐 호기심이 많았어요."

"책을 읽으면 옆에서 어떤 소란이 일어나도 전혀 알지 못할 정도로 집중력이 뛰어났죠."

"수학에서는 어릴 때부터 두각을 드러낼 만큼 영민했어요."

"항상 모든 과목에서 100점을 받으려고 혹은 1등을 놓치지 않으려고 하는 욕심이 있었어요."

이처럼 그녀들이 보유한 남다른 능력과 근성은 서울대에 들어가게 하고, 지금의 위치에 서게 하는 데 큰 발판이 되었다. 무엇보다도 이러한 자신의 경험이 판단의 근거가 되면서 그녀들은 가장 냉철하고 현실적인 잣대로 아이의 재능이나 자질을 일찌감치 파악하는 통찰을 보여 주었다. 그녀들은 아이의 작은 행동이나 관심 영역을 자세히 살피며 아이에게 호기심을 불러일으키고자 애썼다. 그리고 아이가 관심 있어 할 만한 다양한 정보를 제공해 줌으로써 아이의 역량을 발견해 내고자 노력했다. 아이의 능력을 좀 더 객관적으로 평가하기 위해, 가급적 아이가 스스로 하겠다는 말을 먼저 할 수 있도록 상황을 구성하기도 했다. 때로는 아이가 관심을 가질 만한 자료집이나 책을 슬쩍 던져 놓고 아이가 스스로 질문하기를 기다리기도 했다.

현승 씨는 큰딸이 여러 방면에 호기심이 많거나 뛰어난 모습을 보이는 특별한 아이는 아니라는 것을 이미 초등학교 이전에 파악했다고 했다. 그래서 현승 씨는 큰딸의 호기심을 자극하기 위해 가급적 그림이나 미술, 음악, 체육 등 다방면에 아이가 관심을 가질 수 있도록 노력하고 있다고 강조했다. 큰딸은 아직 초등학교 2학년밖에 되지 않았지만, 현승 씨는 딸아이를 데리고 국내외 각종 박물관이나 전시회를 다니며, 피아노뿐만 아니라 가야금과 같은 국악기도 다룰 수 있는 기회를 마련해 주고 있다고 했다. 게다가 마라톤이나 번지 점프 같은 극한의 운동을 섭렵하게 하는 등 다양한 시도를 하고 있다고 털어놓았다.

옥현승 저랑 다르게 아이가 먼저 관심을 가지고 덤비는 경우는 별로 없더라고요. 결국 제가 아이의 관심을 끌 수 있도록 여러 가지 미끼를 던져 보는 거죠. 그러면 아이는 결국 관심을 갖게 되고 그것을 열심히 하게 되는 것 같아요.

유력 언론사 부설 연구소의 연구위원으로 있는 신혜 씨도 딸의 머리가 특별히 뛰어나지 않다는 것을 일찌감치 파악했다고 단언했다. 더구나 아이가 어릴 때부터 몸이 약했던 터라 신혜 씨가 할 수 있는 일은 아이 스스로 하고 싶은 일을 찾게 도와주는 것이라 여겼다고 한다. 그래서 신혜 씨의 딸아이는 아빠와 함께 진로를 탐색할 수 있는 토론도 자주 하고, 엄마가 외국에 나갈 때 동행해 자연스럽게 넓은 세상을 볼 수 있는 기회도 가졌다. 신혜 씨 부부는 아이 스스로 길을 찾을 수 있도록 하기 위해 함께 고민했다.

박신혜 우리 애는 항상 자기 머리는 나쁜 편이라고 그렇게 이야기하죠. 그래서 저는 아이에게 그러죠. 어릴 때 머리는 크게 중요하지 않다고, 머리는 사실 다 고만고만하다고, 그런데 어떻게 하느냐가 조금의 차이를 낳는 것 같다고. 사실 아이가 남보다 뛰어나다는 생각을 할 수는 없었어요.

재미있는 점은 신혜 씨가 여전히 자신에 비추어 몸도 약하고 근성도 떨어지고 공부하는 능력도 부족하다고 평가하고 있는 그 딸이 서울대학교에 무난히 입학해 엄마의 동문이 되어 있다는 사실이다.

어쩌면 남보다 조금 더 뛰어났던 그녀들이기에, 한편으로는 '나보다 더 특별한 영재성'에 대한 갈망이 언제나 마음 한편에 잠재해 있던 그녀들이기에, 자신의 아이로부터 다른 아이들과는 대비되는 능력을 찾고자 더 노력하는지도 모른다. 문제는 그녀들이 말하는 뛰어난 능력의 판단 기준이 절대적으로 자신이라는 점이다. 그렇다 보니 그녀들은 아이의 재능이 성에 안 찰 수밖에 없으며, 때로는 아이가 자신보다 모자란다는 판단을 내리기도 하는 것으로 보인다.

자신의 경험에 비추어 아이의 면면을 냉철하게 판단하는 서울대 엄마들! 아이에 대한 그녀들의 통찰력은 일견 대단해 보이기도 한다. 일반적으로 엄마들이 범하는 과오 가운데 하나는 다른 아이들과 전혀 다를 것이 없는 자녀임에도 불구하고, 엄마의 못 다 이룬 기대와 욕구를 투사하며 최고가 되기를 강요하는 것이다. 아이의 교육적 성공은 엄마가 만들 수 있다는 교과서식 생각을 비판 없이 받아들이고, 아이로 하여금 공부! 공부! 공부! 하라고 몰아대는 그런 엄마들보다 서울대 엄마들이 더 현명해 보일 수도 있다. 일찌감치 자녀를 정확하게 그리고 냉철하게 파악하는 것은 물론, 만약 그녀들이 말하는 '영재성'이 보이지 않는다면, 즉 공부로 승부를 걸 수 없다면 엄마 자신의 기대를 깨끗이 포기하는 것. 그것은 어찌 보면 합리적이고 현실적인 결정이라고 할 수 있을지도 모른다.

하지만 말이다, 그녀들의 날카롭고 현실적인 평가가 아이들에게는 또 다른 칼날이 되는 것은 아닐까, 하는 염려가 되는 것도 사실이다. "2살 때 아이가 영재가 아니라는 것을 파악했어요", "아이의 학습 면면을 보면서 서울대는 이미 안 된다고 생각했어요", "아이의 능력을 정말로 제대로 봐서, 우리 애는 안 될 애다 싶으면 거기에 사용되는 돈이나 에너지를 다른 데 쓰는 것이 더 낫다고 생각해요" 등 유독 서울대 엄마들은 '좀 지켜보다가, 공부에 재능이 없어 보이면 다른 걸 시킬 것이다'라는 이야기를 많이 했다.

이는 두 가지 측면에서 볼 수 있다. 우선은 '공부해 보니 별 볼 일 없다. 굳이 힘들게 공부하지 않아도 된다'는 의도로, 엄마가 아이를 편하게 해 주겠다는 것이다. 어떤 분야든지 재능을 찾을 수만 있다면, 아이에게 굳이 안 되는 공부를 시키느라 에너지를 낭비할 필요가 없다는 이야기다. 그러나 또 한편으로는 엄마 자신이 발휘했던 영재성이 판단의 근거가 되면서 '결코 넘어설 수 없는 엄마'라는 부담감과 열패감을 아이에게 줄 수도 있다는 생각이 들었다. '공부에 재능이 없다면 다른 것을 해 봐라'라는, 어찌 보면 합리적으로 비춰지는 엄마의 말속에는 이미 공부 대신 하게 될 그 어떠한 일에서도 최고가 되어야 한다는 전제 역시 깔려 있다는 느낌을 지울 수 없었다.

미진 씨는 아들에 대해 "부모 머리를 닮았겠지!" 하는 기대도 있긴 하지만, "애가 공부를 잘하지 못하면 안 시킬 거예요"라고 이야기한다. 학습 성취 수준에 대해 미진 씨 본인이 매우 높은 기준을 가지고 있기 때문에, 그 기준에 도달하지 못하면 공부를 강요하지 않겠다는 것이다. 하지만 그게 그리 단순한 문제가 아니라는 사실을 인터뷰 과정에서 자각했다. 처음에는 상황에 따라 아이의 공부를 쿨하게 포기해야 할 줄 알아야 한다고 주장하던 미진 씨였지만, 엄마마다 그들 나름대로 포기하지 못하는 지점이 존재한다는 것, 그리고 그 지점은 저마다 다를 수 있다는 것을 인식하게 된 것이다.

양미진 자기 자식을 객관적으로 딱 보고, 포기할 때를 좀 알아야 하는 것 같아요. 그런데 그게 쉽진 않겠죠? 보면 보통 그게 안 되다 보니까 아이랑도 불협화음이 생기고 그러는 거 같거든요. 오히려 자기가 공부해 봤기 때문에 애를 보고, 될지 안 될지 알아서 빨리 포기해 주면 더 좋은 게 아닐까요? 세상에 모든 사람이 다 공부 잘할 수 없으니까. 안 되는 애를 붙잡고 공부시키는 건 서로 힘든 거잖아요. 사회적으로 낭비고. 나도 인제 그렇게 해 주려고 맘먹고 있지만 좀 쿨해야 될 것 같아요, 교육에 있어서는. 다른 부분은 자식에 대해 쿨하기 쉽진 않겠지만 공부에 있어서만큼은. 어느 순간에 애에 대한 파악이 되면 걔가 좋아하는, 잘할 수 있는 것 쪽으로 해 주는 게. 뭐, 애가 단순히 나태해서 공부를 안 해서 못하는 거다, 하면 그건 포기하면 안 되겠지만, 말 그대로 어떤 한계가 있다면 포기해야죠.

● 공부를 열심히 하는데 한계가 있을까요? 보통 나태함이 원인이지 않나요? 머리가 안 될 수도 있잖아요.

● 머리 안 좋은 애들도 열심히 하면 얼마만큼은 하지 않나요? 학교 공부라는 게 하다 보면 어느 정도 이상 수준까지 따라갈 수 있지 않나요?

그런데 어차피 등수가 매겨지면 중위권 밑에 애들이 생길 수밖에 없 잖아요. 그니까 애네들은…… 음, 그러다 보니 결국에는 또 부모가 집 착하고 시키는 거다…… 그런 말인 거죠? 그것도 그렇긴 하네요. 그 렇지, 그게 그렇게 쉬운 문제면 다들 고민하지 않겠지요.

● 자식이 나태하면 나태하지 않게 잡아 주려고 할 거고, 머리가 안 좋은 애면 열심히 하다 보면 일정한 선 위로 올라갈 수 있는 거라 믿는 거고. 그래서 부모 들이 손을 쉽사리 놓지 못하는 것 같다는 생각이 들거든요.

애가 공부를 싫어한다, 다른 걸 막 하고 싶어 해, 그럴 수도 있잖아요.

● 실은 그렇게만 되면 다행인 거 아닌가요? 대부분의 아이들은 자기가 하고 싶은 게 없잖아요. 자기가 하고 싶은 것이 있고 의지가 확고하면 부모가 뭐가

아쉽겠어요. 하고 싶은 거 해라, 하면 되지 않을까요?

그것도 성공한단 보장이 없으니까. 하긴 그렇게 쉬운 문제면 다들 그렇게 하겠죠.

미진 씨에게 공부를 잘하고 못하는 기준은 남들보다 훨씬 높은 수준에서 책정되어 있다. 그로 인해 미진 씨 스스로는 "쿨하다"고 말하지만 아이의 입장에서는 다소 억울한 상황이 만들어질 수도 있다. 1등이 아니면 공부로 성공하지 못한다고 보는 미진 씨의 시선에는 공부 이외의 분야로 진로를 수정한다면 '그곳에서라도 1등을 해야 한다'는 무언의 압력이 존재하는 것이다. 공부 대신 좋아하는 일을 하게 해 줄 수 있다고 자신 있게 말하지만 거기에는 '또 다른 성공'이 기준으로 제시되어 있는 것이다.

5학년인 큰딸을 대하는 지영 씨의 태도도 이와 크게 다르지 않았다. 부부 모두 약대를 나와 남편은 교수로, 자신은 약사로 살아가는 지영 씨는 딸의 구체적인 특성이 자신이나 남편의 어린 시절과 비슷하지 않다는 사실을 언급하며 아이가 평범하게 살 것 같다고 담담히 이야기했다. 하지만 인터뷰가 계속되면서 불안해하는 속내를 드러냈다. 딸아이의 학습에 대한 태도나 능력의 준거가 항상 본인이 되다 보니 딸아이가 가진 능력에 대해 실망하게 되는 일이 잦다고 했다. 특히 "처음부터 늘 잘하던" 자신과 비교했을 때, "벌써 고학년"인 딸에게서 영재성을 발견하기에는 너무 늦은 것 같다는 생각이 든다는 것이다. 그러다 보니 딸에 대해 낮게 평가하는 스스로의 모습을 발견하고 괴로워하며 반성도 하지만, 이 부분은 계속 지영 씨의 미해결 숙제로 남아 있는 것을 볼 수 있었다.

> **김지영** 딱 확연하게 드러나요. 다른 부분은 괜찮은데 수리 부분에서. 나와는 정말로 다르다는 것을 느끼죠. 그렇다고 아예 수학을 못한다거나 그거는 아니지만 그래도 보이더라고요. 다른 영역에 비해 받아들이는 속도가……. 그래도 저는 항상 칭찬을 해 줘요. 네가 원래 요만큼 못하는데 이만큼 따라간 게 어디냐. (중략) 그러니깐 저도 되게 냉철하게 봐져요. 자꾸 왜 그런지는 잘 모르겠어요. 애가 어느 부분에서는 하는구나, 어느 부분에서는 충분히 가능성이 있겠구나 생각하기는 하지만, 그렇지만 제가 약간 애를 아래로 보는 경향이 있어요. 선생님들하고 이야기해 보면 너무 걱정 안 하셔도 된다고 하는데. 그런 거 보면 제 생각이 틀릴 수도 있다고 생각되지만. 그래서 요즘은 조금 더 높이 보려고 노력을 하기는 해요. 그래, 너 참 잘하는 부분이 많기도 하다, 이렇게 보려고 하는데 사실 잘 안 돼요. 노력해도 어렵네요.

엄마의 이와 같은 태도는 아이들에게 어떠한 영향을 미칠까? 아이들이 '우리 엄마는 정말 합리적이다. 공부가 안 되는 나한테 공부

말고 다른 길을 찾아보라 하네'라고 맘 편하게 받아들일 수 있을까?

내가 고등학생이던 80년대 중반, 전교생의 입이 딱 벌어질 만한 사건이 있었다. 소위 공부와 담쌓고 놀던 선배 중 한명이 고3 때 큰 마음을 먹고 공부를 시작했는데, 떡하니 서울대학교 공과대학에 합격했던 것이다. 교사나 학생들 사이에선 그 선배의 고3 시절 행적이 시대의 영웅담으로 회자되기도 했다. 그러고 보면 당시에 서울대를 들어가는 사람의 떡잎은 고등학교 때 판가름이 났다. 교실에 들어오는 선생님들도 공부하는 우리에게 얼마든지 역전이 가능하다는 희망을 주었고, 덕분에 우리는 '나는 이미 끝났다!'는 생각을 해 보지 않았던 것 같다. 그런데 요즈음은 어떤가? 아직 어린 자녀의 학습 성향이나 진로를 미리 판가름하는 부모는 냉철하고 현실적인 부모인가, 아니면 냉정하고 무시무시한 부모인가?

인터뷰한 녹음 파일을 글로 옮기는 작업에 참여한 서울대학교 학부생에게 작업을 하면서 느낀 점에 대해 물어보았다. 그 학생이 이야기한 내용을 옮겨 본다.

이번 작업에 참여하면서 개인적으로는 제 나름의 깨달음이랄까, 그런 게 많았어요. 제가 보기에 서울대 어머니들이 가진 특징 중 하나는 초등학교 때는 무조건 공부보다는 많은 경험을 하게 해 주고 싶어 하시고, 만약 중고등학교까지 지켜 보고 자기 자식이 공부에 소질이 없을 것 같다고 판단되면 그때는 다른 분야로 나갈 수 있게 지원해 주고 싶다고 하시더라고요.

그런데 참 이상한 것은, 서울대 엄마들은 공부가 아니어도 된다고 말은 하지만 그래도 자식이 어떤 분야에서든 '성공', 즉 '최고로 우수한' 사람이 되기를 속으로는 원하고 있다는 생각이 들었어요. 예를 들자면요, 아이가 공부를 그냥 중간 정도 해요. 그렇다면 절반은 가는 거잖아요. 그런데 그걸 못 견디는 것 같아요. 다시 말해서 자기 아이가 '보통 아이'라는 것을 못 견뎌 하는 것 같아요. 우리 애가 공부에서 이 정도밖에 못 한다면 다른 분야에서 길을 열어 주어서 최고가 되게 만들어야 한다고 그렇게 여기는 것이 느껴졌어요. 더구나 서울대 엄마들은 대부분 내 아이는 뭔가 뛰어날 것이다, 라는 기대감이 너무 크고, 그 기대감을 만족시킬 수 있는 기준이라고 해야 할까, 그런 게 너무 높아서, 일반 엄마들은 반에서 5등만 해도 '아, 우리 아이 공부 잘하는구나!'라고 생각할 만도 한데 서울대 엄마들은 1등이 아니면 '아, 우리 애가 공부를 하는 데 있어서 뛰어나지 않구나. 공부 머리가 없구나'라고 생각하는 경향이 있는 것 같아요. 결국 어디서든 최고를 바라고 있다는 느낌을 받았어요.

물론 보통의 엄마들이 '나는 너처럼 하지는 않았어!', '너는 누굴 닮아 이 모양이냐?'고 말하는 것이 면죄부를 받을 수 있다는 이야기는 절대 아니다. 어떤 아이라도 부모가 고압적인 태도로 자신의 성적을 평가하고 능력을 판단하려는 태도를 보이는 것에 대해 평정심을 지킬 수는 없다. 그런데 엄마가 우수한 학업 성취를 이룬 경험이 있고, 아이를 자신의 기준에 따라 항상 평가한다면? 아마 아이는 굉장히 슬플 것이다. 좌절할 것이다. 분노할 것이다. 엄마는 딴에는 아량을 베푼다며 "못하니 어쩔 수 없지. 다른 거라도 해 보자"라고 쉽게 이야기할 수 있을지 모르겠지만, 아이에게 이 말은 "네가 형편없다는 사실을 인정해라." 하는 경고로 들릴지도 모른다.

서울대 엄마들은 아이의 능력, 영재성, 우수함 등에 대해서 세심하게 관찰하고 때로는 누구보다도 혹독하게 평가하며 판단하는 통찰을 가졌다. 하지만 정작 아이를 판단해 온 자신의 관점이 과연 합당한 것인지, 때로는 자신의 판단이 아이에게 어떠한 해가 될 수 있는지와 같은 스스로에 대한 통찰은 부족한 듯하다. 그래서 그 반쪽짜리 통찰이 위험하게 느껴졌다. 말하자면, 사회가 부여한 최고 학벌을 통해 가장 합리적이며 영리하게 판단하는 듯 보이는 그녀들이지만, 모성이나 엄마라는 이름이 덧씌워지면서 그녀들의 유년의 경험이 오히려 스스로에게 독이 되고, 아이에게 위협적인 요소가 되기도 한다는 것이다. 그래서 어쩌면 서울대 엄마들은 다른 그 어떤 엄마들보다 더 가혹하고 매서운 엄마가 될 수 있음을 본 것이다.

잘난 부모,
아이에게는 돌덩이

　이번에는 아이들에게로 시선을 돌려 보자. 자녀에 대한 통찰이 뛰어나지만 그만큼 냉정하고 가차 없는 판단을 하는 엄마, 스스로에 대한 통찰은 무딘 엄마를 바라보는 자녀들의 입장은 어떨까?

　멀리 갈 것 없이 내 아이들도 서울대 엄마를 둔 자녀이다. 큰아이가 초등학교 4학년 때의 일이다. 하루는 심각한 표정으로 와서 자기가 서울대학교를 가지 못하면 어떻게 되는 것인지를 진지하게 물어본 적이 있다. 한국에 대학이라고는 서울대학교밖에 없는 줄 알고 자라온 아이였다. 부모가 모두 서울대를 나온 데다, 종종 아빠 친구 모임이나 엄마 친구 모임에 나가서 보게 되는 어른들도 부모의 대학 동문과 선후배들이 대부분이었다. 그렇다 보니 서울대는 아들에게 매우 친숙한 곳이었는데, 어느 순간부터인가 매우 부담스럽게 다가왔나 보다. 초등학교 4, 5학년이 되면 직업에 대한 구체적인 내용의 수업을 듣고, 진로나 대학에 대한 자료를 검색하게 된다. 아마도 그때 아들은 서울대가 우리나라에서 최고의 위상을 가지는 대학이라는 것도, 입학이 생각처럼 쉽지 않다는 것도 어렴풋하게나마 알게 된 것 같다. 더구나 그즈음 괴팍하기로 유명했던 음악 선생님이 아들에게 강편치를 날렸다.

"네 부모님이 모두 서울대 나오셨다며? 너 참, 인생 살기 힘들겠다. 뭘 해도 본전일 테니……."

선생님으로부터 이상한 걱정을 들은 아이는 그 며칠 동안 세상에서 가장 불행한 얼굴을 하고 있었다. 그런 아들을 보며 나는 서울대 엄마가 아이에게 어떤 의미로 다가가는가를 고민해 보게 되었다. 아이들에게 엘리트 부모는 든든한 지원자가 되기도 하지만, 반대로 존재만으로도 위압적이고 부담스러운 대상이 될 수도 있다. 서울대 엄마들을 인터뷰하면서, 잘난 엄마를 둔 아이의 입장에서 혹은 그런 아이를 바라보는 엄마의 입장에서 그녀들이 나와 유사한 경험을 가지고 있다는 것을 확인할 수 있었다.

치과의사인 순정 씨에게 가장 큰 고민은 이번에 초등학교에 입학한 큰아들의 학교생활 적응이다. 아들은 지나치게 숫기가 없어 친구들과 상호 작용도 거의 없는 듯 보이고, 조용하고 소심한 성격 때문에 선생님이 이름을 불러도 대답을 잘하지 않는다. 학습 태도나 친구와의 관계, 심지어 옷 입는 것마저 자신과 너무 다른 아들 때문에 순정 씨는 일이 손에 잡히지 않을 정도라고 했다. 도대체 이 아이에게 어떤 엄마 역할을 해 주어야 할지 몰라서 순정 씨는 현재 동원할 수 있는 주변 인맥, 가령 의사 동료나, 교수 또는 교사로 일하는 친척과 친구에게 아이 문제를 상담하고 있다고 털어놓았다. 순정 씨가 아이의 문제에 다가가는 것이 매우 조심스러운 데는 순정 씨 부부가 모두 서울대 출신인 것도 한 이유이다. 아빠는 모교의 교수, 엄마는 치과의사라는 사실 자체가 아이가 자라면서 느끼게 될 부담일 것을 순정 씨는 어느 정도 예상하고 있기 때문이다. 물론 아이가 서울대를 의식하기에는 아직 많이 어리지만, 마음 약한 큰아들이 커 가면서 자칫 부모의 학벌이나 직업 앞에서 주눅 들게 될까 봐 걱정이 되는 것이다.

순정 씨가 이러한 걱정을 하는 것은 자신의 어린 시절 경험 때문이기도 하다. 순정 씨의 부모님은 부부 약사로, 소위 엘리트 부모였다. 그랬기 때문에 순정 씨와 순정 씨의 오빠 모두 어릴 적 주변 사람들로부터 받는 기대가 컸고, 그러한 점이 매우 큰 부담으로 작용했다고 한다. 똑똑한 부모를 두었다는 평판은 부모의 기대와 함께 주변의 기대에도 영향을 미쳤다. 특히 공부에 특별한 두각을 보이지 않았던 오빠는 늘 주변 사람들의 막연한 기대 때문에 스스로 하고 싶어 하는 것을 하지 못하고 평판에 끌려 다닌 희생양이었다. 순정 씨의 부모님은 적성과 소질에 맞춰 아들이 스스로 진로를 결정하게 하기보다는 자신들의 명성과 기준에 적합한 선택지를 들이대었다. 그리고 그 심중에는 "그래도 나를 닮은 아이인데 뭔가 다르겠지. 언젠가는 잘하겠지"라는 기대가 있었다. 그렇다 보니 오빠에게는 끊임없는 지원이 뒤따랐다. 하지만 현실적이지 못한 기대와 선택은 오빠에게 아무런 도움이 되지 않았다. 순정 씨는 잘난 부모가 자녀들에게 어떤 부담과 어려움을 주는지를 경험을 통해 잘 알고 있는 듯했다.

홍순정 부모님은 동네에서 아주 유명하셨어요. 두 분 모두 약사이셨고요, 두 분 모두 공부를 아주 잘했던 분이셨거든요. 그래서 주변에서는 우리에 대한 기대도 남달랐던 것 같아요. 가장 큰 피해를 보았던 사람은 아마도 오빠이지 않을까 싶어요. (중략) 오빠에게는 공부 잘하고 똑똑한 부모가 굉장히 스트레스였던 거예요. 그런데 공부가 못 따라 주니까. 부모님한테 공부해라, 공부해라, 노상 그런 이야기를 듣고 컸어요. 지금 생각해 보면, 오빠는 공부할 머리는 아닌 것 같았어요. 수영도 참 잘했고, 성당에서 복사 활동도 아주 열심히 했던 오빠였어요. 그런데 공부 잘했던 부모님 때문에 공부를 못 버린 거죠. 제가 봤을 땐 그걸 빨리 포기하고 다른 길을 찾아서 하고 싶은 것을 했어야 했는데. 그걸 스스로도 포기 못 하고 주변에서도 포기 못 하더라고요. 이것저것 정말 준비만 매번 했던 것 같아요. 그런데 막상 부모님의 성화에 밀려 등록해 놓으면 열심히 안 하고 안 가고, 또 부모님은 걱정하시고. 그런데 제 입장에선 부모님도 오빠도 이해가 안 된 거죠. 꼭 그래야만 됐을까? 다른 길도 있을 텐데.

● 그런 과도한 기대가 본인에게는 어떻게 작용했을까요?
오빠만큼은 안 그랬죠. 왜냐면 오빠한테 실망을 했고 그래서 엄마 아빠가 주변 사람에게 우리 애 공부 못해, 정말 못해 그러면서 당신 스스로 기대를 버리려 하셨죠. 그런데 주변에서는 엄마 아빠가 공부 잘하고 똑똑한데 애가 못할 리가 있냐, 이런 이야기를 하니깐 더 속상하셨던 것 같아요. 그래서 저라도 공부를 열심히 해야겠다고 생각을 했던 것 같아요. 제가 서울대를 들어가고서 부모님이 너무 좋아하셨고요, 더군다나 사위가 서울대 교수가 되자 아버지 어머니 모두 그냥 한을 푸셨다고 그러셨어요.

비록 오빠가 방패막이 되어 부모님과 주변의 관심을 일정 부분 피할 수 있었지만, 여전히 부모님으로부터 나오는 후광 효과는 순정 씨의 일상생활과 유리될 수 없었다. 순정 씨는 그 같은 부모님의 기대나 주변의 관심에 맞추려고 했던 선택들이 자신을 많이 힘들게 하는 이유가 되었다고 언급했다. 순정 씨의 경우, 초등학교 때 조금만 시험을 못 보면 대번 선생님이 훌륭한 부모님과 비교하며 자신의 성적을 언급하는 것이 너무 싫었다고 어린 시절을 회상했다.

홍순정 저도 초등학교 때는 그렇게 뛰어나게 공부를 잘하진 않았어요. 그런데 한번은 담임 선생님께서 너희 부모님은 두 분 다 아주 똑똑하시고 훌륭하신데 넌 누굴 닮아서 이런 점수를 받느냐는 말을 듣고 충격을 받았어요. 자존심도 많이 상했고. 그때부터 열심히 공부했던 것 같아요.

순정 씨와 이야기 나누면서 나는 서울대학교라는 강력한 학벌 효과가 본인의 삶, 부모로서의 삶에는 자랑스러운 명패가 될 수 있을지 모르나 자녀들에게는 부담과 좌절을 경험하게 하는 동인(動因)으로 작용할 수 있겠다고 생각했다. 잘난 부모를 둔 자녀의 고충을 충분히 알고 있는 순정 씨는 적어도 내 아이에게는 그런 부담을 주지 말아야겠다는 다짐을 강조하였다. 그리고 직장 동료의 경고를 가슴 저 깊숙이 담고서 살아간다고 말했다.

홍순정 동료가 하루는 이런 이야기를 했어요. 네 아들이 죽어라 공부해서 서울대학교를 들어갔다 쳐도 어느 누가 너 참 훌륭하다, 넌 괜찮은 놈이다, 그러겠냐? 부모 잘 만나서 본전 한 거라 그러겠지. 만약 죽어라 공부해도 서울대 못 들어가면 또 어떻고! 어째 부모만도 못한 놈이냐, 열심히 하지 않았구나, 그런 이야기를 들을 거라는 거예요. 그러니 너는 절대로 아이에게 공부 강요하지 마, 네가 강요 안 해도 그 아이는 늘 그게 부담이고 돌덩이일 테다, 그러는 거죠.

교사인 이정 씨는 서울대 출신 부모를 둔 자녀들이 어떤 경험을 하게 될지에 대해 나와 이야기를 나누다가, 김두식 교수가 쓴 『불편해도 괜찮아』에 등장하는 '똥 밟는 경험'이라는 에피소드를 소개해 주었다.

심이정 『불편해도 괜찮아』를 보면, 거기에서 자기 딸 이야기를 해요. 자식이 자기 마음과 달리 하도 성에 안 차고 그랬대요. 그러던 중에 희망제작소랑 같이 일하면서 유시주 씨*를 알게 되었는데 "누나, 이번에 우리 애는 이랬어. 우리 애는 저랬어." 막 이러면 유시주 씨가 "우리 아들은 말이야." 하면서 더 심한 이야기를 해 준대요. 그래서 마음에 위안을 삼고 그랬다고. 거기서 나오는 이야기 중에 뭐였냐면요, 자식이 받은 스트레스에 관한 이야기를 하다가, 김두식 씨 딸이 자기 친구들한테 "교수 부모 밑에서 사는 게 얼마나 힘든지 아냐?"고 이야

---

* 서울대 출신의 시민운동가

기했대요. 그러니 유시주 씨가 그런 거예요. "너희는 그렇지, 우리 아들은 친구들한테 '야! 우리 엄마 아빠 다 서울대야' 그랬더니 그 친구들이 뭐라는지 아냐? '야! 너는 진짜 똥 밟았다, 똥 밟았어' 그렇게 대꾸했다." 그런 거예요.

'똥 밟은 경험'이라는 표현 속에서 아이들의 마음이 엿보인다. 학업 스트레스가 극심한 청소년기의 아이들에게 엘리트 부모는 참을 수 없는 부담감을 동반하는 존재이자, 부정할 수만 있다면 부정하고 싶은 대상일 수 있다. 김두식 교수의 표현대로, '가뜩이나 공부가 주는 압박감에 시달리는데 그 와중에 이해되지도, 이해할 수도 없는 부모의 존재는 가장 격하게 표현될 만큼 고된 삶'이라는 점이다.

이렇다 보니 서울대를 나온 엄마는 아이들에게 넘기 힘든 벽이며, 상대적인 박탈감을 주는 존재일 수밖에 없다. 단지 엄마가 서울대 출신이기 때문만은 아니다. 아이들을 평가하는 엄마의 시선도 한 이유이다. 서울대 엄마들을 인터뷰하는 과정에서 들었던 아이들에 대한 평가는 항상 '부족하다'였다.

"저와 비교해 보면 우리 아이는 참 많이 부족한 것 같아요."

"저는 적어도 수학을 걱정할 정도는 아니었는데, 우리 아이는 조금만 꼬인 문제가 나와도 풀지 못하더라고요."

"머리가 영특한 것 같지는 않아요."

"근성이 없어요, 근성이."

"호기심이 부족해요."

"특출 난 재능이 보이지 않아요."

'아이의 단점보다 장점을 아는 것이 중요하다', '칭찬은 고래도 춤추게 한다'라는 부모 역할의 교과서식 정답이 서울대 엄마들의 머릿속에도 늘 각인되어 있다. 그러면서도 정작 눈으로는 자꾸만 아이의 미흡한 점을 찾으려 한다. 이런 엄마의 모습을 아이들이 모를 리 없다.

이는 비단 '공부 잘한 엄마'만의 경우는 아니다. 사업 수완이 좋아 자수성가를 했든, 아니면 뛰어난 재주를 가졌든 특별한 부모는 아이에게 스트레스가 될 수 있다. 부모를 닮고 싶어 하고 부모의 인정으로 자라나는 것이 아이들이라고 볼 때, 아무리 노력해도 쫓아갈 수 없는 존재가 부모라는 것은 아이에게 큰 절망감을 주는 요인일 수밖에 없다. 당신은 어떤 비범한 능력을 가진 부모인가? 남과 다른 재주를 가진 사람인가? 그렇다면 당신의 눈에 평범한 듯 보이는 자녀들에게 어떤 부모의 모습으로 다가갈 것인가? 고민해 볼 부분이다.

원칙과 책임에
집착하는 엄마

　서울대 엄마들을 인터뷰하면서 그녀들 대부분이 철이 일찍 든 딸이라는 생각을 했다. 그래서 그녀들은 책임감이 강하고, 부모의 어려운 상황에 대한 이해가 빠른, 그리고 늘 부모에게 힘이 되는 자랑스러운 딸이었다는 것을 알 수 있었다. 한편으로는 세상의 부조리를 일찍 깨치고, 스스로 살아남기 위해서는 공부밖에 할 것이 없다고 깨달은 아이, 더 절박하게는 공부만이 자신을 더 넓고 좋은 세상으로 데려다 줄 유일한 도약판이라는 것을 일찌감치 파악한 아이였다는 의미이기도 하다.

　그래서일까? 어린 시절 그녀들은 형제자매의 공부나 학교생활을 엄마 대신 챙겨 주거나, 때로는 일하는 엄마를 대신해서 할머니의 병

수발까지 도맡아 하면서도 학업을 게을리하지 않는 등 또래에 비해 책임감이 남다른 모습을 보였다. 또 다른 면으로는, 남자 형제들 속에서 부모님에게 인정받고 살아남기 위해서는, 그리고 남자들이 주도하는 사회에서 존중받는 여자로 살기 위해서는 공부 잘하는 것이 지름길이라는 사실도 일치감치 깨닫는 영특함이 있었다. 어린 그녀들은 스스로의 삶을 조절하고 욕구를 통제하는 방식을 남들보다 일찍 깨친 것이다. 그러면서 학교생활이나 직장생활을 하는 데 있어서 원칙을 아는 합리적인 사람으로 인정받기도 했다.

지독하리만큼 스스로를 잘 챙길 줄 알았던 그녀들이기에 다 자란 성인이 되어서도 어디서든 완벽하고자 노력하는 모습을 볼 수 있었다. 그렇기 때문에 엄마가 되고 아이를 키우는 과정에서 자연스럽게 '원칙과 책임'을 강조하는 엄마로 비춰지는 것은 당연해 보인다.

변리사인 보애 씨는 남자 직원이 많은 환경에서 일하고 있지만 보조적인 존재가 아니라 동료 혹은 경쟁자로서 당당히 인정받고 있다. 원칙에 따라 책임감 있게 일하기 때문이다. 그러다 보니 엄마로서도 유독 원칙이나 책임을 강조하는 편이라고 말한다. 보애 씨의 이야기를 들어 보자.

● **주로 언제 아이를 혼내게 되나요?**
이보애 규칙이나 원칙을 깨뜨렸을 때, 약속을 어겼을 때죠.

● 혹시 보애 씨가 다른 엄마들에 비해 유독 원칙이나 책임 등을 강조한다고 생각하지는 않나요?

그런 것 같기는 하네요. 전 원칙이나 책임이 깨지면 다 무너진다고 생각해요. 천재지변이 생기거나 물난리가 나서 도저히 학원을 못 가는 상황이라면 몰라도, 전 가급적 자신이 해야 하는 것은 꼭 지켜야 된다는 원칙이 있어요. 뭐, 예를 들면 숙제는 먼저 하고 논다, 같은 사소해 보이는 것들요.

하지만 생각해 볼 점은, 지금의 모습에 이르기까지 그녀들에게 중요한 덕목으로 인식되어 온 원칙과 책임의 강조가 때로는 아이와의 관계에 어려움을 주는 원인이 되기도 한다는 것이다. 미진 씨는 기질적으로 꼭 해야 되는 일은 하고야 마는 습성 때문에 종종 아이들이나 주변으로부터 "융통성 없는 엄마", "고지식한 엄마"로 평가받는다고 했다. 상미 씨는 큰딸이 자신에 대해서 다른 엄마들과 어떤 점이 다른지, 어떤 엄마였으면 좋겠는지를 구체적으로 이야기할 때가 있는데, 그럴 때마다 '재미없는 엄마'로 통한다고 자조 섞인 푸념을 했다.

교육학을 전공한 수민 씨는 인터뷰 내내 자신의 교육적 신념이나 철학을 똑 부러지게 설명했다. 그 이야기를 듣고 있자니, 마치 자녀를 양육하고 교육시키는 것이 수민 씨의 프로젝트의 일부인 것처럼, 또한 자녀의 발달 과정에 있어서 수민 씨가 유능한 기획자인 것처럼 느껴졌다. 학창 시절 도(道) 수석까지 할 정도로 철저하게 자신을 관리해 온 수민 씨였기에 이러한 원칙과 책임은 그녀를 버티게 만든 중요한 덕목일 수 있겠다는 생각도 들었다.

황수민 내가 자녀 교육에 있어서 승부를 걸 때가 지금은 아니라고 생각하는 거죠. 그리고 내가 아이에게 필요한 때 엄마로서 해 줄 수 있는 게 있으려면 일단 내가 행복해야 되고, 내가 하고 싶은 일을 해야 그게 롤모델이 되기 때문에. 그래서 지금은 딸한테 네가 참아야 한다, 그런 이야기를 많이 하죠. 걔가 누구네 집에 놀러 가고 싶다고 하면 그러면 엄마가 바쁘니깐 엄마 공부 끝나면 가자, 그때는 엄마가 시간이 많으니깐, 그러면 걔도 그걸 이해하더라고요. 친구들한테 그렇게 이야기한대요. 우리 엄마 졸업하면 너희 집에 놀러 갈게. 걔도 그걸 슬프고 속상하게 이야기하는 것이 아니라 그냥 받아들이는 거예요.

수민 씨의 이야기에 집중해 있다가, 아직은 어린 그녀의 유치원생 딸아이가 엄마를 얼마나 이해할까, 하는 의문이 들면서 나의 딸의 모습이 오버랩되었다. 엄마가 공부하는 동안 책상 밑에 와서 조용히 종이에 그림을 그리며 놀던 어린 딸. 나도 내 어린 딸에게 엄마의 상황을 열심히 이해시키려고 노력했던 장면이 수민 씨의 얼굴 위로 겹

쳐졌다. 아이를 어른으로 대하는 그녀에게서 나 자신의 모습을 발견한 것이다.

인터뷰 과정에서 보애 씨는 멘토로 여기는 직장 선배 A 씨의 이야기를 들려주면서 원칙과 책임의 무게에 대해 고민하고 있다고 말했다. A 씨는 서울대 출신으로, 영문학 박사 학위 취득 후 현재 전문 변리사로 활동하고 있는 소위 성공한 엄마이며, 아들을 과학고와 카이스트에 보냈다고 한다. 그렇다 보니 자녀 교육에 성공한 케이스로 주변에 소문이 자자했다. 그런데 아들이 대학을 들어가면서 엄마에게 던진 말 한마디가 직장에서나 가정에서나 늘 열심히 살아왔다고 자부했던 A 씨의 '엄마 인생' 전체를 흔들었다고 한다.

"엄마는 내가 아파도, 다쳐도, 힘들어 쓰러져도 서울대만 가면 되지요? 난 그게 싫어서 카이스트에 갈래요. 가급적 집에서 가장 멀리 떨어져서 다닐 수 있는 곳, 엄마로부터 멀리 떨어진 곳에서 학교를 다녀 보고 싶어요."

도대체 A 씨와 아들 사이에 무슨 일이 있었던 것일까? A 씨는 학업 성취에 있어서 공부하는 습관이 가장 중요한 요소라고 판단했다. 따라서 아이가 초등학교 때부터 영어와 수학을 매일 한 쪽씩 공부하는 것을 원칙으로 정했다고 한다. 특별한 날에도 그 원칙을 깨지 않도록 A 씨는 무척 노력했다. 그런데 하루는 아이가 열이 나고 많이 아팠다. 직장에서 돌아온 A 씨는 아이를 보고 내심 푹 쉬기를 바랐지만, 혹시 이번 일을 계기로 아이의 습관이 망쳐지지는 않을까 걱정이 되어 아픈 아이에게 원칙은 지키라고 요구했다. A 씨는 이제와 돌이켜 보니 아이에게 그 일이 큰 상처였던 것 같다고 분석했다. 착하고 모범적인 아들이었지만 마음속에는 서운함과 울분이 서려 있었다는 것이다. 결국 A 씨의 아들은 나름의 반항으로 서울대 대신, 집에서 멀리 떨어져 있고 기숙사 생활을 할 수 있는 '카이스트' 진학을 선택한 것이다.

아들로부터 청천벽력과도 같은 고백을 듣게 된 A 씨는 자신이 원칙을 강조한 이유는 아들의 학습 습관을 만들어 주기 위한 것이었는데, 기억도 나지 않는 어린 시절의 일을 가지고 어미에게 상처를 주는 아들이 많이 밉고 서운했다고 한다. 마음에 상처를 입은 A 씨는 지인들과 상의도 하고 전문적인 상담도 받았다. 그러면서 융통성 없는 자신의 원칙과 고집 그리고 어쩌면 정말로 아들이 지적한 것처럼 아들의 존재보다는 아들의 학업 성취를, 나아가 누구보다 자녀를 잘 키웠다는 좋은 엄마 타이틀이 자신에게 더 중요했을 수도 있다는 사실을 깨달았다는 것이다. 이제 A 씨는 주변의 젊은 엄마들에게 이렇게 이야기한다고 한다. "그냥 엄마가 되어 주는 게 제일 좋을 것 같아." "뭐든 재고 따지고 평가하고 관찰하지 말고, 그냥 엄마. 그게 아이에겐 제일 필요해."

'원칙은 지켜야 한다'는 것이 옳다면 '원칙은 때로는 깨질 수 있다'는 것 또한 옳다는 사실을 엄마들은 종종 잊는다. 그리고 자신의 신념과 원칙이 강한 서울대 엄마들은 더욱 그러한 듯 보인다. 아이를 키우다 보면 가장 중요한 원칙은 바로 '융통성 있는 규칙을 적용하는 것'이라는 생각이 들 때가 많다. 그러니 나름의 성공을 경험한 엄마들은 스스로가 얼마나 힘들까 싶다. 어느 정도 이상의 성취를 얻기 위해서라면 어떠한 상황에도 반드시 지켜야 할 규칙이나 원칙들을 세워 놓고 이를 고수하기 마련이다. 그런데 자신의 경험을 기반으로 '엄마가 세운 원칙을 아이가 지켜야 된다'고 고집함으로써 자신과 아이의 삶 모두에 힘겨운 족쇄를 채우는 것은 아닌가 하는 염려가 된다. 원칙에 얽매여 스스로를 닦달하고 기운을 소진하는 것은 아닌지, 그로 인해 내 아이를 힘들게 하는 것은 아닌지 생각해 볼 문제이다.

이는 비단 서울대 엄마들만의 모습은 아닐 것이다. 많은 엄마들이 자신의 경험과 철학, 그리고 전문가들의 견해 등을 근거로 자녀 교육에 대한 자신만의 확고한 원칙과 책임을 정해 두고, 이를 아이에게 강요하는 모습을 우리는 쉽게 볼 수 있다. 나는 왜 그 원칙을 만들고 지키려고 하는 것일까? 아이를 좋은 학교에 보내야만 '좋은 엄마'가 될 수 있다는 우리 사회의 무언의 압력 앞에서, 나의 원칙을 아이에게 강요함으로써 '좋은 엄마'가 되기 위해 몸부림치고 있는 것은 아닐까? A 씨의 사례에서도 볼 수 있듯이, 가장 지혜로운 선택은 어편 원칙이든 상황에 따라 얼마든지 유연하게 적용하는 것이다.

우리 엄마들에게 가장 필요한 것은 좀 더 넓은 시각으로 아이를 바라보고 여유롭게 대하는 것인지도 모르겠다. 이성적이고 논리적이며 냉철한 부모도 좋지만, 자녀를 그냥 사랑만으로 키울 수 있는 엄마도 아이들에게는 정말로 필요하다는 것을 우리는 잊고 살 때가 많은 것 같다.

'강남'이라는
블랙홀

　　인터뷰를 진행하면서 든 생각 중 하나는 '지역 사회 효과'이다. 어디에 사느냐에 따라 엄마로서 가지는 마음가짐이나 육아에 대한 자세가 사뭇 다르다는 것이다. 자신이 어디에서 자라 왔는가 하는 경험과 더불어 현재 거주하는 지역 사회의 성격이 아이를 키우는 데 상당한 영향력을 미치는 모습들을 볼 수 있었다. 그녀들은 아이의 초등학교 입학이나 중학교 진학을 앞둔 시점에서 거주지 이전을 심각하게 고민하거나 결정을 내렸다. 서울 근교에서 서울 도심으로, 강북에서 강남으로, 혹은 목동이나 분당으로 이전했으며 이때의 목적은 100퍼센트 자녀 교육이었다.

　　인터뷰 참여자 가운데 절반 가까운 수는 강남과 목동, 잠실 등 이른바 교육 특구에 거주하고 있었다. 이 지역의 인기는 식을 줄 모르는 듯 보인다. 부모들의 높은 교육열과 전문화된 학원 및 강사진이 결합되면서 만들어진 프리미엄은 높은 집세와 생활비를 감수하게 하는 요인이 되고 있다. 인터뷰 대상자를 알음알음으로 소개받다 보니 우연히 거주 지역이 몰린 것일 수도 있겠지만, 그만큼 고학력자들이 이 지역을 선호하고 있기 때문이기도 하다. 서울대 엄마들에게도 학군 프리미엄은 거주지를 결정하게 하는 중요한 요인이었다. 특히 강남에서 학창 시절을 보낸 경험이 있거나 배우자가 강남 출신인 경우 "아이를 잘 키우려면 일단 강남으로 가야 되지 않을까?"라는 고민을 더 깊게 하게 된다는 것이다.

큐레이터인 지수 씨는 부부 모두가 강남에서 자랐고, 현재는 서울 외곽에서 살고 있다. 지수 씨의 큰아들은 내년에 초등학교에 입학하는데, 지수 씨보다도 남편이 강남행에 더 적극적이라고 했다.

정지수 여러 개의 가능성을 생각하지. 계속 여기 눌러 살면서, 그 대신 타운하우스에 가서 애들을 좀 풀어 놓고 나도 좋은 집에서 살고 싶다는 생각과, 안 그러면 분당 정도, 정자동이나 판교가 학교가 좋다던데 이 정도에서 학교를 다니는 건 어때, 하는 초이스가 하나 있고. 안 그러면 강남을 가긴 가야 되겠으니 집값이 좀 더 싼 서초에 가는 건 어때, 하는 거. 남편은 서초가 강남보다는 싸다고 생각해. 왜냐하면 그의 생각에 있어서 항상 우선순위는 청담동이니까. 자기가 나고 자란 청담동에서 애를 키우고 싶지만 아직 그럴 필요까지는 없을 것 같고. 집은 강남이나 서초에다 얻고, 애 학교는 사립을 보내면 되지 않겠나, 이런 생각. 세 가지 정도의 초이스가 있어. 그런데 나는 뭐, 그냥 당신 좋을 대로 해라.

자녀 교육을 제대로 시켜 보겠다는 열망으로 강남에 입성한 경우, 그녀들에게 미치는 지역 효과의 영향은 생각보다 컸다. 나름 자신의 경험이나 배우자의 경험이 자녀 교육에서 중요한 잣대가 된다고 말하면서도, 교육 특구에 살게 된 서울대 엄마들은 심하게 흔들리고 있었다.

아이의 초등학교 입학 시점에서 대치동으로 이사한 상미 씨는 바로 직전까지만 해도 박사 학위 논문에 온 힘을 쏟기 위해 서울대 근처에 살았었다. 그곳에서 상미 씨는 서울대학교에서 공부하면서 또래의 자녀를 키우는, 비슷한 상황의 엄마들과 많은 생각과 경험을 나누었다. 그때 상미 씨가 그 엄마들과 주로 나누었던 대화의 주제는 "어떻게 하면 아이를 잘 교육시킬까?" 하는 것이 아닌, "나의 일과 육아를 잘 병행하는 방법이 무엇일까?"였다고 한다. 상미 씨의 기억에 따르면, 서울대 엄마들은 늘 자기 일로 바쁘고 자아실현의 욕구가 크기 때문에 아이보다는 스스로의 문제에 대한 고민이 더 컸다고 한다. 그런데 강남으로 입성하면서 바뀐 새로운 이웃들과 상미 씨의 주된 대화 주제는 단연코 '자녀 교육'이다.

정상미 예전엔 자기가 했던 것, 자기가 공부했던 것만 고집했었어요. 작년까지만 해도요. 시대가 바뀌고 교재가 바뀌어도 결국 열심히, 근면 성실하게 노력하는, 아니, 결국 잘하게 타고난 아이는 잘하지 않나, 그렇게 생각했어요. 그런데 여기 이사 오면서 생각이 좀 바뀐 것 같아요. 제가 주변을 주의 깊게 살펴보면, 여기 있는 엄마들이 전부 능력이 없는 엄마들이 아니라는 점이죠. 오히려 잠시 애한테 올인하기 위해 일을 그만두고 아이들을 체계적으로 끌고 가는 엄마들이에요. 전부 머리가 좋은 엄마들이죠. 저희 반 애들도 보면, 애가 좀 잘한다 싶은 아이 엄마들을 보면 나름대로 사회생활을 할 수 있음에도 불구하고 접고 들어와서 아이 교육에만 전념하고 있었어요. 얼마나 자녀 교육을 위해 많이 고민하는지 몰라요. 애를 푸시했다, 또 풀어 주었다, 학원을 돌릴 때도 있고, 쉬게 해 줄 때도 있고, 완급 조절을 아주 잘하는 엄마들이라고 생각돼요. 교육 특구답게 모든 부모들의 삶은 자녀 교육을 가장 중심으로 하고 있더라고요.

상미 씨는 박사 학위 논문이 많이 미루어지고 있어 걱정이 크지만, 그럼에도 현재 자신의 1순위는 초등학생인 큰딸의 교육이라고 말했다. 이제 상미 씨의 의식과 생활은 주변의 강남 엄마들이 만들어놓은 '새로운 엄마 역할'의 덕목들에 따라 재구성되고 있다. 상미 씨의 정체성이 이른바 서울대 엄마에서 강남 엄마로 이동하고 있는 듯 느껴졌다.

지방에서 서울대로 진학한 현승 씨는 결혼과 동시에 강남에 입성했다. 현재 현승 씨는 아이의 교육 매니저로서 어디에 내놔도 손색이 없을 만큼 똑소리 나는 학부모로 살고 있다. 현승 씨의 초등학생 딸은 나의 눈에는 이것저것 하는 것이 많아 매우 바쁜 듯 보였지만, 현승 씨는 "예체능 위주로 시키고 있어요"라며, "공부와는 거리가 멀다"는 점을 강조했다. 현승 씨는 강남 엄마들을 무작정 따라 하기보다는 자신만의 경험과 노하우를 바탕으로 교육 플랜을 구상하고 적용하면서 강남 엄마들과는 분명하게 차별화되는 지점에 서고자 부단히 노력하는 모습을 보였다. 현승 씨는 딸의 영어 학원 원장과 면담했던 경험을 들려주었다. 현승 씨 본인이 네이티브 수준의 영어 구사 능력이 있다 보니 영어 학원 원장이 제안하는 공부 방식을 듣고도 요지부동할 수 있었다고 했다. 현승 씨에게 강남은 교육 인프라가 잘 갖추어진 편리한 환경을 제공할 수 있는 곳이자, 그녀 자신이 아이를 매니지먼트할 수 있는 능력이 그 누구보다도 탁월하다고 믿게 해 주는 곳인 듯했다.

옥현승 저는 주변 학부모들보다는 같은 서울대 동문인 친구나 선후배를 레퍼런스로 삼아요. 돌밭에서 돌과 금을 잘 구분하는 능력을 가졌다고 생각하기 때문이죠.

말하자면, 현승 씨는 강남 엄마들보다 한 수 위에서 판을 읽고자 하는 것이다. 하지만 이 또한 강남 엄마들이 보이는 흔한 모습들 중 하나인 것은 아닐까. 스스로가 가진 자원은 남다르다는 자기 평가 말이다.

내가 현재 살고 있는 곳도 강남 3구 중 한 곳이다. 부모들의 교육 수준이나 교육열이 상당한 지역으로 정평 난 곳인데, 이사 오기 전까지는 그 사실을 심각하게 고려하지 않았다. 핑계 같지만, 아파트 단지 안에서 걸어 다닐 수 있는 학교를 찾던 중에 지인이 추천한 동네와 학교를 보고 '안전하겠다' 싶어 단박에 이사를 결정하고 말았다. 아마도 조국 교수의 지적대로 '겉은 빨갛지만 속은 하얀 사과'* 같은 이중성이 내 안에 분명 내재되어 있었을 것이라고 고백한다. 본의 아니게 강남 엄마로 살아가다 보니 가장 먼저 드는 느낌은 상대적 박탈감이다. 우리 형편을 놓고 봐도, 아이의 사교육 수준을 놓고 봐도

---

* 『조국, 대한민국에 고한다』(21세기북스, 2011)에서 조국 교수는 강남에 살고 있는 자신에 대한 이야기를 하면서, 진보를 지향한다면서 정작 일상생활에서는 진보적이지 못한 사람들을 '겉만 빨갛고 속은 하얀 사과'에 비유했다.

언제나 열위에 있다는 느낌. 그것이 우리 부부의 영혼을 좀먹고 있다는 사실을 절감하는 요즈음이다. 그렇다 보니 늘 엑소더스를 꿈꾼다. 그렇게 적응하지도 물러나지도 못한 채 어정쩡하게 강남 엄마로 살고 있는 나 같은 엄마들도 분명 적지 않을 것이다.

　강남은 이제 자녀의 교육적 성공을 위해 불물 가리지 않고 맹렬히 달려드는 부모들의 욕망의 상징이다. 더구나 자기 자신에 대한 자신감이 있고 무엇에 몰입하는 즐거움을 경험한 서울대 엄마들은 교육 특구에 상륙하는 순간, 더 무섭고 맹렬한 기세로 자녀 교육에 전념하게 될 가능성이 크다. 다른 엄마들보다 더 빠르고 더 완벽하게 말이다. 그녀들은 "예체능만 시켜요", "저는 바쁘니까 할머니가 알아서 해 줘요", "혼자서 하라고 놔두고 있어요"라고 말하지만 강남에 살면서…… 그건 어쩌면 '겉만 빨갛고 속은 하얀 사과' 같은 거짓말이 아닐까.

학부모 모임 앞에서
작아지다

　　엄마들이 삼삼오오 모이게 되면 대화 주제의 대부분이 아이에 관한 것으로 쏠리기 마련이다. 더욱이 아이가 초등학교에 입학할 무렵이면 자녀 교육과 관련된 내용으로 엄마들의 대화가 도배되다시피 한다. 나도 친구들과 이야기를 나누다 보면 이른바 '깔때기 효과'처럼 무슨 이야기를 시작해도 그 끝은 자녀 교육에 관한 내용으로 귀결되는 이상한 경험을 한 것이 한두 번이 아니다. 특히 학부모 모임에 나가면 자녀에 대한 이야기가 90퍼센트 이상을 차지하는 것은 특별히 이상한 일도 아니다. 물론 학부모 모임이라는 이름과는 달리 실제로는 '엄마들' 모임이라는 것은 누구나 다 아는 사실이다.

　　아이 셋을 키우면서 전문 통역사로 일하고 있는 소라 씨에게 '학급 엄마 모임'은 아주 곤혹스러운 행사다. 첫째와 둘째는 초등학생이고 막내는 늦둥이인지라, 워킹맘인 소라 씨는 아이들의 학교생활이 제대로 되고 있는지 챙기는 것도 벅차다. 그런데 매달, 때로는 매주 전해지는 엄마들 모임에 관한 공지는 소라 씨가 좋은 엄마로서의 자격이 없다고 자책하게 만드는 요인 중 하나가 되고 있는 듯했다.

노소라 초등학교에 들어가면 엄마들 모임이 중요하다고 그러는 것은 들었어요. 모임을 통해 학교 사정도 자세히 알게 되고, 또 학원 정보도 얻고, 무엇보다도 아이들이 엄마들 모임으로 알게 된 관계망을 이용해서 친구를 사귀게 된다고 하더라고요. 나도 참가해야 되나, 몇 번을 망설이다가 애를 위해 네트워킹을 해야 된다는 주변 사람들의 성화에 못 이겨서 처음에는 몇 번 따라가 보았어요. 그런데 놀라운 건, 밤늦게 만나서 새벽 1시까지 이야기를 하더라고요. 전 완전 질렸어요. 더군다나 엄마들이 거기서 흘리는 정보의 중요성을 이야기했지만, 정보라는 것도 저에게 도움 되는 건 별로 없었던 것 같아요. 그 시간이 저한테는 정말 아까운 귀한 시간인데.

아이의 친구도 엄마가 만들어 주는 것이라는 주변의 이야기에 처음에는 어렵게 시간을 내서 열심히 모임에 나가던 소라 씨는 그날 이후 아이들에게 "친구는 그냥 알아서 사귀어라." 하고 공표했다. 소라 씨는 인터뷰를 시작하고 처음부터 "저는 좋은 엄마는 아닌 것 같아요"라고 자조적으로 이야기했다.

초등학교 입학과 함께 시작되는 엄마들의 활동은 주로 학부모회, 녹색어머니회 같은 조직에 소속되면서 시작된다고 한다. 그리고 아이들의 체육 활동이나 생일 파티 등을 주관하면서 모임이 활성화되고 정례화된다고 한다. 초등학교 저학년일수록 이런 정기적이고 빈번한 접촉이나 회합이 잦은데, 모임에서 아이들의 공부 방법이나 학원 선택 과정을 공유하고, 함께 쇼핑하고 식사하고 공연을 보면서 친목을 다져 나간다는 것이 엄마들의 전언이었다. 흥미로운 점은, 교육 특구라고 알려진 강남, 잠실, 목동 등에서 엄마들 모임이 더 빈번하고, 모임이 갖는 영향력이 더 크게 인식되고 있다는 것이다. 그리고 아이에 대한 관심과 열정이 있다면 이 같은 모임 활동을 부지런히 하는 것이 진리라고 했다. 특히 "1학년 때 모임이 6학년까지 간다", "1학년 때 엄마들을 못 사귀면 끝이다" 등 떠도는 말들이 엄마 모임을 등한시할 수 없는 이유가 된다고 했다.

상황이 이러하다 보니 아이가 초등학교에 들어가면 직장에 다니는 엄마라도 모임에서 제외되지 않기 위해 애를 써야 한다. 모임에 나가려고 반차 휴가를 쓰기도 하고, 때로는 남편에게 아이를 맡기고 저녁 모임에 참석하기도 한다.

서울대 엄마들도 예외는 아니라고 했다. 그녀들 대부분은 이 같은 모임에 참여하는 것을 상당히 곤혹스럽게 여기고 있었다. 직장일과 가정일뿐만 아니라 자기 계발에도 욕심 부리는 그녀들이기에 너무 바쁘기도 하거니와, 모임의 주제가 오로지 아이의 학교에 관한 이야기와 공부나 학원에 관한 정보, 모임에 없는 학부모에 관한 뒷이야기 등에 편중되는 것도 부담스럽다는 것이다. 한편으로는 확실하지도 않은 정보에 목매는 듯한 엄마들의 모습이 답답해 보이기도 한다고 했다. 하지만 모임에 나가지 않겠노라고 거절하자니 아이를 나 몰라라 하는 이기적인 엄마로 비춰질까 겁이 난다는 것이 그녀들의 솔직한 심정이다. 여기 그녀들의 이야기를 들어 보자.

옥현승 엄마들 모임에 나가지 않으면 아이가 왕따가 되기도 한다고 해서 모임은 가급적 나가려고 해요. 하지만 엄마들 대화에 적극적으로 끼거나 하지는 않죠. 학부모 간에 거리는 지켜져야 된다고 생각해요.

신유미 그냥 주변에서 이야기 많이 하잖아요. 반 모임에 빠지지 마라, 직장 다니면 잘 못 낄 수도 있으니까 더 잘 나가라. 선배 엄마들이 이야기를 해 주죠. 못 끼면 아이들이 잘 어울리지 못하고 결국 친구 관계에 문제가 되고 그래서 저는 나가고 있어요.

변화영 저는 큰애가 초등학교에 입학을 하면 직장을 그만둘 생각을 하고 있어요. 1학년이 너무 중요하다고 하잖아요. 지금은 어린이집 갔다가, 이모님이 봐주시고, 주말에 문화센터 데리고 가서 발레나 미술 같은 거 가르치면서 지낼 수 있는데, 초등학생이 되면 일단 애가 일찍 오니까 오후 시간을 어쩔 수가 없잖아. 학원 같은데 뺑뺑이 돌리려고 하면 돌릴 수는 있겠지만, 또 주변 엄마들한테 우리 애가 케어를 못 받는 애라는 그런 평판을 듣는 건 싫잖아요. 그래서 일단은 부지런히 돈 벌고, 1학년 될 때 그만두려고 생각해요. 엄마들 모임에 나가고 해야지 애가 학교에 적응을 더 잘하고 빨리 한다는 이야기를 하도 많이 들으니까 정말 그런가 싶은 생각이 들더라고요

물론 교육에 대한 엄마 나름의 확고한 방침이 서 있는 경우라면 주변의 요구에 휘둘리지 않기도 한다. 하지만 '마이웨이'를 고집하는 과정에서 다른 엄마들이나 선생님들로부터 "뭘 모르는 엄마", "괴팍한 엄마"라는 평가가 종종 수반되는 경험을 하기도 한다. 교사인 이정 씨는 아이가 초등학교에 입학하면서 학부모라는 지위도 동시에 가지게 되었다. 그러면서 만나게 된 학교와 교사 그리고 학부모들의 모습이 좀처럼 이해가 되지 않는다고 이야기했다.

심이정 엄마들한테 문자가 온 거예요. 선생님하고 아이들한테 간식이 들어가야 하는데 순서 정할 테니 문자 달라고 하는 거죠. 저는 그냥

씹어 버렸어요. 뭐 저렇게까지 해야 되는가? 내가 선생이지만 학부모 노릇하는 거 진짜 적응이 안 되더라고요. 그런데 알고 보니 다른 엄마들은 순서를 정해서 다 간식을 돌리더라고요. 저만 빠졌지요. (중략) 저희 아이가 우유 자체를 안 먹어요. 초등학교 1학년 담임 선생님이 절 처음 보시고 "애가 우유를 먹을 줄 모르네요. 아이가 우유를 따서 먹는 법도 몰라요." 이렇게 말씀을 하셔서서 제가 "우유를 안 좋아해서 안 먹었어요." 그랬어요. 그러니 담임 선생님이 제 반응에 적잖이 놀라셨던 것 같더라고요.

이정 씨는 학부모 대표로부터 교실에 간식을 넣을 테니 순서를 정해 달라는 요구를 받았지만 이를 무시했다. 담임 선생님으로부터 아이가 우유를 마실 수 있도록 가정에서 지도해 줄 것을 요구받았지만 이도 거절했다. 그만큼 당차고 거침없어 보이는 엄마이지만 이정 씨 역시 엄마들의 눈과 입, 그리고 아이의 친구 관계망을 무시할 수 있는 강심장은 아니었나 보다. 이정 씨는 자신이 가진 무기인 서울대학교 사범대 출신의 현직 교사라는 타이틀을 적극 활용하여 엄마들의 관계망에 안착할 생각을 하고 있었다.

심이정 제가 일을 하기 때문에 엄마들로부터 소외감을 느끼는 것은 있어요. 다만 저는 엄마들 모임은 관심을 끊고, 대신 저만의 생존 방식으로 루트를 뚫었어요. 엄마들 모임은 자주 가지 않지만, 대신에 주말에 우리 아이를 포함해서 친한 친구들을 데리고 독서 수업을 하거든요. 토요일이나 일요일. 제가 직접 책 읽어 주고, 활동도 하고, 책 만들기도 해요. 읽은 것에 대해서 기본 책 접기로 발표도 시키고. 이게 저의 유일한 무기예요. 그것 때문에 그 엄마들이 나에게 온갖 정보들을 다 주고 요구도 다 들어줘요. 유치원 친구들하고 그동안 이렇게 했으니, 요걸 초등학교에서 조금 해서 자리를 잡으면 저는 걱정은 안 해요. 단기적으로 보면 제 전략이지만, 장기적으로 보면 애한테도 좋은 거죠.

이정 씨는 엄마들 모임에 참석하는 대신 독서 수업을 꾸림으로써 다른 엄마들의 양해를 구하고 있는 셈이다. 이정 씨는 엄마들 모임에 대해 "저렇게까지 해야 되는가?" 하고 의문을 표했지만 그런 이정 씨 역시 나름대로 큰 노력을 기울이고 있는 것으로 보였다.

엄마들이 학부모 모임 앞에서 작아지는 것은 어쩔 수 없는 사실이다. 인터뷰에 참여한 서울대 엄마들이 학부모 모임을 부담스러운 것으로 이야기한 이유는 학부모 모임의 바탕에 엄마의 시간과 노력이라는 희생이 전제로 깔려 있기 때문이다. 당연히 엄마로서 고민되지 않을 수 없다. 이는 비단 서울대 엄마들만의 반응은 아닐 것이다. 이렇게 학부모 모임 참여가 부담스러움에도 불구하고 엄마들이 이를 감수하는 것은 아이에게 조금이라도 도움이 되고 싶은 엄마의 바람이 포함된 행위라고 할 수 있다. 그래서 그녀들은 엄마들 모임에 적극적으로 또는 소극적으로 참여하거나, 참여를 포기하고 자책하거나, 때로는 간접적인 참여를 인정받을 만한 나름의 무기를 장착하려고 애쓴다. 이렇듯 자신만의 방식으로 적응하고 있지만 여전히 엄마들의 모임 앞에서 우리는 작아진다.

좋은 엄마
콤플렉스

인터뷰를 하면서 엄마들에게 다음과 같은 질문을 해 보았다.

"당신의 인생을 100이라고 할 때 엄마로서의 인생은 그중 몇 퍼센트를 차지하나요?"

"본인의 열정과 에너지 중의 얼마를 아이들에게 준다고 생각하세요?"

"자신의 삶에서 아이들은 어느 정도 비중을 차지하나요?"

흥미로운 사실은, 인터뷰에 응한 서울대 엄마들 대부분이 자신의 삶의 70~80퍼센트 이상을 아이가 차지한다고 답했다는 것이다. 소위 잘 나가는 직종에 종사하고 있다고 해도, 전문가로 인정받는 삶을 살고 있다고 해도 여전히 그녀들에게 가장 중요한 부분은 아이들이며 엄마로서의 역할이라고 이야기했다. 박사 학위를 받기 위해 밤낮 없이 학교와 직장과 가정을 뛰어 다니며 동분서주하는, 학위라는 중대한 삶의 목표를 목전에 둔 엄마들조차도 서슴없이 '엄마 역할'이 가장 중요하다고 외쳤다.

하지만 아이러니하게도, 서울대 엄마들이 인터뷰를 하는 동안 가장 눈을 반짝이며 열심히 이야기했던 소재는 삶의 20~30퍼센트에 불과하다고 한 '자신'에 대한 이야기였다. 어떻게 공부를 했으며, 대학교에 들어온 후 자신의 관심 영역은 어떻게 바뀌었는지, 남편을 만나게 된 과정이나 현재 ○○○라는 이름으로 살아가는 자신의 모습, 그리고 미래의 목표나 비전과 같이 자기 자신을 드러내는 이야기를 하는 그녀들의 표정은 밝게 빛났다. 그녀들은 엄마 역할에 매몰되어 있느라 그 어떤 자리에서도 자기 자신에 대해 이야기할 수 있는 기회가 잘 없었던 것이 분명하다. 그래서 자신에 대한 이야기를 하는 그 순간이 매우 즐겁고 신선한 경험이었을 것이다.

약사로 일하는 지영 씨와 나는 세 번의 인터뷰를 가졌는데 항상 밤 9시에 만났다. 지영 씨가 퇴근 후 아이들을 챙기고 잠자리에 드는 것까지 확인하고 집에서 나올 수 있는 시간이 밤 9시였다. 생면부지의 두 사람이 매번 새벽 12시 넘어까지 이어지는 인터뷰를 하면서도 즐거울 수 있었던 것은 지영 씨가 자기 이야기를 할 기회가 있어 너무 즐겁다는 피드백을 여러 번 해 주었기 때문이다.

김지영 그동안 나를 잊고 있었던 것 같아요. 나 자신에 대한 이야기에 집중하는 시간이 이렇게까지 행복한지 몰랐어요. 얼마나 오랜만에 내 이야기를 해 보는지 모르겠어요. 시간 가는 줄 몰랐네요. 어딜 가서 나 이렇게 살았다는 이야기를 해 볼 수 있겠어요?

몇 년 전 흥미로운 연구*를 진행한 적이 있다. 만 10세 미만의 자녀를 둔 맞벌이 부부를 대상으로 일상 정서 경험을 살펴본 연구였다. 부부 각각에게 핸드폰으로 하루에 6, 7차례 무작위로 신호를 보내고, 신호를 받은 순간에 그들이 누구와 무엇을 하고 있었는지, 또 그 순간 어떤 감정을 가지고 있었는지 묻고 수집했다. 늘 반복적이고 평범한 듯 보이는 일상생활, 그 속에서 아내(어머니)와 남편(아버지)으로서 느끼는 경험 자료를 비교해 본 결과는 흥미로웠다. 부부 모두 함께 일하고 함께 아이를 키우는 맞벌이 부부이지만, 아내는 남편보다 자녀를 돌보고 교육하는 일에 더 많은 시간을 사용하고 있었다. 맞벌이 아내가 남편보다 6배 이상 더 많은 가사 및 육아를 담당하고 있다는 것은 이미 매스컴을 통해 자주 보도된 사실이므로 그리 놀랄 만한 결과는 아니다. 그런데 나를 놀라게 한 결과는 아내가 느끼는 감정에 있었다. 아내는 남편과 비교하여 자녀와 함께 있는 시간이나 자녀를

---

* 장미나 「어린 자녀를 둔 맞벌이 부부의 역할분배유형과 일상정서경험」(서울대학교 박사 학위 논문, 2010)

돌보고 교육하는 시간이 훨씬 길었지만, 정작 그 순간을 남편만큼 즐겁고 행복하다고 인식하지 않고 있었다. 다시 말하면, 아내들은 '어머니로서 살아가는 순간'을 친구나 이웃, 동료와 수다 떠는 순간보다 덜 즐겁다고 느끼고 있다는 것이다. 또 남편이 '자녀하고만 있을 때' 경험하는 행복하고 즐거운 느낌과 비교해 보아도, 아내가 같은 상황에서 경험하는 느낌은 남편에 비해 상대적으로 낮게 나타났다.

이러한 결과는 비단 우리나라 여성들만의 정서 경험 결과는 아니다. 실제로 서구의 경우에도 유사한 결과들이 나타났다.[*] 자녀를 둔 젊은 여성들은 가정에서 멀어질수록, 자녀와 함께 있지 않을수록, 엄마로서의 의무와 부담에서 자유로울수록 더 행복하고 즐거워했다. 심지어 직장으로 일을 하러 가는 상황에서도 엄마들은 아이를 돌보고 아이와 함께 있는 순간보다 더 즐겁고 행복하다고 느끼고 있었다. 엄마로서의 역할이 여성의 삶을 정의하는 가장 중요한 근원이며, 많은 시간과 노력을 쏟아 붓는 중심 영역일지는 몰라도, 자녀에 대한 책임과 부담이 오롯이 엄마에게만 부여되는 사회, 자녀의 교육적 성공 그 하나만으로 좋은 엄마인지를 가늠하게 만드는 사회에서

---

[*] Larson, R.W., Richard, M.H. & Perry-Jenkins,M.(1994).' Divergent Worlds: The Daily Emotional Experience of Mothers and Fathers in Domestic and Public Sphere.' Journal of Personality and Social Psychology, 67(6). 1034-1046.
Koh, J.Y.(2004). The Everyday Emotional Experiences of Husbands and Wives. Dotoral Dissertation, University of Chicago.

'모성'은 결코 그녀들을 행복하고 편안하게 만드는 지점은 아닌 듯하다.

서울대 엄마들도 마찬가지로 '좋은 엄마'가 되어야 한다는 강박증에서 자유롭지 못했다. 적어도 이성적으로는 현실을 살펴보려 애쓰고, 사회가 강제하는 분위기를 비판적으로 바라보려고 노력해 왔다. 하지만 막상 '엄마'라는 이름표가 부여되는 순간, 좋은 엄마냐 아니냐는 그녀들의 삶의 중요한 기준이 되어 버린다. 처음에는 이러한 사회적 조건에 스스로 반항도 해 보았고 때로는 끌려 다니지 않으려는 제스처도 취했지만, 결국 그녀들 스스로 좋은 엄마 콤플렉스의 덫에 걸려 허우적대는 경험을 하고 있는 것이다.

우리 사회는 엄마라면 '좋은 엄마'가 되어야 한다는 당연한 요구는 있되, '좋은 엄마'에 대한 구체적인 각본은 없는 상태이다. 무수히 많은 책, 그리고 대중 매체를 통해 '좋은 엄마 모델'이 쏟아지고 있지만, 전형적인 좋은 엄마의 모습이 무엇인가에 대한 진지한 성찰도 반성도 모색도 없다. 그저 좋은 엄마 타령 일색이다. 마치 세상은 '좋은 엄마'와 '나쁜 엄마'만 있는 것 같고, 나쁜 엄마가 되지 않으려다 보니 좋은 엄마 이데올로기를 맹신하는 모습이다. 각본 없는 드라마가 진행되고 있고, 엄마들은 쪽대본이라도 쫓는 심정으로 연일 홍수처럼 쏟아지는 '좋은 엄마라면 이러이러해야 한다'라는 행동 강령을 앞에 놓고 우왕좌왕하고 있다. 그 행동 강령이 내가 받아들일 수 있는 것인지 아닌지 갈등을 하다가, 타협하기도 하다가, 또 무작정 귀막고 눈 감고 끌려가기도 하는 모습이다. 그것이 아이를 위한 것인지, 나를 위한 것인지, 누구를 위한 것인지도 모른 채 그저 깜깜한 터널 속 한 줄기 빛을 향해 무작정 나아가는 것이다. 그러면서 아이가 입시 관문에 가까이 갈수록, 무비판적으로 구성되는 '좋은 엄마라면 해야 하는 활동 리스트'가 마치 맨홀과 같이 엄마들을 빨아들일 준비를 하고 있는 것을 확인하게 된다.

'좋은 엄마로서의 덕목'을 강요하는 상황은 비단 '엄마들의 입'이나 서점에 깔린 책들에만 있는 것은 아니다. 때로는 가장 가까운 가족을 통해서도 자각하게 된다.

박영신 친정아버지가 그러세요. 전업주부 엄마 아래서 자란 친손녀를 보다 보면, 늘 바쁘게 뛰어다니는 엄마를 둔 외손녀가 너무 안쓰럽고 딱하다고요. 이런 이야기를 들을 때마다 전 힘 빠지죠. 결국 아이가 가장 필요로 하는 건 엄마의 자기희생인가 봐요.

전효주 우리 애기 아빠는 저더러 공부만 아는 여자라서 애를 잘 못 본다고 생각하는 것 같아요. 애를 돌보는 데 있어 부족한 게 많다고. 그런데 그런 표현을 할 때마다 속상하고, 또 한편으로 내 일을 포기하지 못하는 엄마인 나는 좋은 엄마가 아닌가 생각하게 되죠.

우리 사회에서 쏟아 내는 좋은 엄마 기준을 그 누구에게나 일률적으로 적용하는 것은 온당하지 않다. 만약 똑같은 잣대를 들이대어 엄마들을 평가한다면 그 기준을 통과할 수 있는 엄마가 과연 몇이나 되겠는가? 사정이 이러하다 보니 엄마들은 스스로가 완전하지 않다며, 아이에게 좋은 엄마 노릇을 못한다고 스스로를 책망하며 살아간다. 서울대 엄마들 역시 예외는 아닌 듯하다.

우리 사회는 엄마에 대해 "낳아 준 것만으로도 큰일했다", "아이가 한 인간으로 자라나도록 울타리 안에서 품어 주고, 먹여 주고, 사랑해 주는 것만으로 최고다"라는 칭찬에는 인색하다. '엄마 노릇' 그 자체를 존중하고 인정하는 문화는 단언컨대 없다. "아이를 제대로 키우기 위해서는 엄마가 필요하다", "아이를 위한 엄마의 희생은 숭고하다"며 슬며시 가해 오는 압박 속에서, 엄마들이 느끼는 부담과 의무는 더욱 커질 수밖에 없고, 현실과의 간극은 자꾸 벌어질 수밖에 없다.

윤수 씨는 아이에 대한 엄마의 희생이 당연시 요구되는 사회 분위기에서 '나만의 인생'이라는 기회를 추구하거나 열망하는 엄마는 이단아 취급당하기 십상인 것이 우리네 현실이라며 안타까움을 토로했다.

송윤수 말로는 엄마보고 행복하라고, 엄마가 행복해야 주변도 행복하고 아이도 가족도 행복하다고 하죠. 하지만 실제로는 너부터 희생하라고 끊임없이 강요하는 게 현실인 것 같아요. "회사 다닌다고 애 팽개쳐 두지 말고 끊임없이 관리해야 한다", "애는 엄마 하기 나름이다", "그것 봐! 엄마가 집에 없고 나와 있으니까 애가 그렇게 된 거 아니냐!" 이런 이야기들요. 그게 남자 동료나 선배들, 전업주부를 아내로 둔 사람들 입에서 거리낌 없이 나온다는 거죠. 물론 그것이 정말 문제의 본질이 아니라고 생각하지만, 그렇지만 자꾸 그것을 생각하고 인정하게 되는 것 같아요. 요즘 같은 사회 분위기라면 나와 있는 엄마로서 걱정이 계속되는 거죠. 그래서 일하다가 가정으로 돌아가는 동료나 선후배들을 볼 때 막 말릴 수만은 없는 게 현실인 것 같아요.

윤수 씨는 "본인 스스로는 이성적이고 합리적일지 몰라도, 우리 사회에서 엄마라는 역할을 부여받는 순간 결코 이성적이고 합리적이기 어려울 수 있어요"라고 지적했다. 그런 의미에서 보자면, 평소 이성적이라 자부하는 엄마들일수록 그와 같은 스스로의 모순을 더 크게 경험할 수 있고, 서울대 엄마들은 그 모순을 극단적으로 경험할 가능성이 높은 위험군일 수 있다. 그녀들이 엄마로서 헤쳐 가야 할 길이 험난해 보인다.

100세 시대를 거스르는 조급증

"이젠 100세 시대잖아요."

중년층을 대상으로 진행한 어느 강의에서 나온 말이다. '꿈을 이 룰 시간이 얼마 남지 않았다는 생각이 드는 것을 보니 중년이 다가 온 듯싶다'는 나의 이야기에 중년을 넘어선 수강생들이 단박에 이렇 게 응수한 것이다.

100세까지 사는 것이 더 이상 꿈이 아닌 시대, 나에게도 너에게 도 가능한 그런 시대가 오고 있다. 요즈음 우리 사회의 화두 중 하나 는 '오래 사는 삶'일 테다. 한국의 경우, 세계에서 유래가 없는 빠른 속도의 고령화를 경험하고 있으며, 85세 이상의 초고령 노인 인구 비율이 급격히 증가하고 있어, 100세 시대가 현실화될 날이 그리 멀지 않았다. 현재까지는 주로 장수에 필수라고 할 수 있는 건강 관리나, 노후를 대비하기 위한 경제적인 대비책 등에 일반인들의 관심이 국한되어 있는 것 같지만, 머지않아 삶의 다양한 영역으로 그 관심이 확장될 것이다. 특히 우리의 인생 주기가 획기적으로 바뀌게 될 것은 분명한 사실이다.

서울대 엄마들을 인터뷰할 때도 100세 사회에 대한 언급을 종종 들을 수 있었다.

"앞으로는 100세까지도 산다잖아요."

"저희는 80살 넘어서까지도 일을 해야 하는 세대죠."

그렇다. 이제는 사람이 100살까지 산다 해도 더 이상 놀랍지 않다. 우리는 물론이고 우리 자녀들은 100세 시대를 훨씬 더 자연스럽게 살아가게 될 것이다. 그런데 생각해 볼 점은, 우리는 왜 자녀의 인생을 20세 이전에 완성시켜 놓으려 애쓸까, 하는 부분이다. 아이가 어느 대학을 가느냐에 따라 삶의 내용과 질이 완전히 결정되고 굳어진다는 믿음에 마음이 바쁘다. 정말 20살에 어느 학교를 가느냐가 앞으로 남은 80년 인생의 내용과 질을 결정할까? 자녀의 행복한 인생을 보장하는 황금 열쇠가 될까?

인터뷰를 거듭할수록, 서울대 엄마들에게서 자신이 현재 아이를 어떻게 키우느냐가 그 아이의 미래를 전부 결정할 것 같은 조급함이 느껴졌다. 그러다 보니 그녀들은 아이가 무언가 다른 아이들과는 구

별되는 자질을 보여 주기를 바라고, 그 자질만 당장 발견한다면 '멋진 작품'으로 만들어 주겠다고 생각한다. 그 이후는? 아마도 '잘 먹고 잘 살았다'는 해피엔딩의 시나리오를 꿈꿀 것이다. 그렇다. 많은 엄마들은 지금 내가 결정해 놓지 않으면 마치 내 아이의 미래가 '꽝'이 될 것이라는 그런 기분으로 서두르고 초조해하는 것이다. 특히 아이의 학업 성적과 대학 입시가 인생 전체의 질을 결정할 것이라는 믿음 때문에 조바심이 날 수밖에 없는 것이다.

미진 씨는 '아이가 평생 편하게 살도록 만들어 주는 것'을 좋은 부모의 덕목으로 꼽았다. 말하자면, 자신의 노력이 아들의 인생 전부를 결정하게 될 것이라는 막중한 책임을 느끼고 있는 것이다.

양미진 이 세상에 내가 사람 하나를 만들어 놓은 건데. 애를 정말로 내실 있게 해서 세상에 내놓으면 애가 평생 좀 편할 것이다, 그런 생각까지 들더라고요.

그런데 생각해 보자. 설사 엄마의 계획대로 아이가 20세 이전에 원하던 결과를 성취한다고 해서 그 이후의 80년의 삶까지 장담할 수 있을까?

지영 씨와 인터뷰를 하다가 이에 관한 이야기를 나눌 기회가 있었다. 엄마라면 당연히 아이의 재능을 일찍 알아보고 발굴해야 한다고 말하던 지영 씨는 이야기 도중에 자신의 마음 안에 도사리고 있던 조급증을 발견하고는 당황해했다. 지영 씨는 자신이 지름길을 안다는 이유로 아이가 "헤매는" 모습을 참지 못했던 스스로의 태도를 돌아보았다. 우리가 나눈 대화의 한 토막을 길게 소개한다.

김지영 지금의 돌아가는 분위기를 보면, 있는 그대로를 가지고 애를 발견하는 게 아니라 엄마가 분위기를 만들고 애를 어떻게든지 이끌어 주라는 거죠. 그런데 애들이 가지고 있는 역량들이 조금씩 다 다르잖아요. 그걸 하나도 모르는 상태에서면, 사실 애나 어른이나 자기가 뭘 좋아하는지 모르니까 이것도 쑤셔 보고 저것도 쑤셔 보고 막 이런 식으로. 그런데 혹시라도 잘못된 곳을 계속 파고들면 그게 더 문제가 될 수가 있잖아요. 그러니까 초반에는 어느 한쪽에 굉장히 재능을 보여서 엄마도 그쪽으로 완전히 몰입해 버리는 경우가 있잖아요. 그렇게 몰입해서 몇 년간 올인을 했는데, 정작 그게 확 피어야 할 때 보니까 재능이 없다고 한다면 걔가 보낸 몇 년이 날아가 버리는 거죠. 그런 부분이 없게끔 하려고 이렇게 계속 보고 있는 거죠. 그러니까 우리 애가 가지고 있는 재능을 좀 잘 알아서, 걔가 가지고 있는 거를 확 피우고 싶은 거지. (중략) 우리 애가 한동안 수의사가 되고 싶다는 이야기를 했어요. 그런데 수의사를 하려면 이과를 가야 하고 논리적으로 사고를 해야 되고 이런 부분이 있잖아요. 걔가 확실하게 난 정말 수의사가 될 거야, 하고 이쪽 부분을 막 파고드는데, 나름 열심히 했는데 결과가 안 좋게 나온다면 실망하게 되잖아요. 그런 부분도 약간 방지를 해 주고 싶고. 헛발질하는 거를 막고 싶은 거죠. 좌절하는 부분을 사전에 막아 주고 싶은 거죠.

● 결국은 인생의 상당 부분이, 삶의 질 자체가 20세 이전에 다 결정된다, 그렇게 생각하기 때문에 개입하신다는 건가요?

아! 그런 부분이 있을 거 같아요. 예, 좀 짧게 보는 거 같아요. 20세라고 말씀하시니까 갑자기 와 닿네요. 어릴 때 결정지어야 한다고 생각하고 있네요.

● 우리는 보통 20세 이전에 대학 입시, 그리고 20대 중반에 취업, 이걸로 인생의 성패가 결정된다는 분위기에 압도당해 있는 건 아닐까요?

그런 부분이 있긴 하죠. 그런데 말이에요, 평생을 두고 할 일이라고, 천천히 발견을 해도 된다고는 하지만 어쨌든 우리나라에서 중고등학교를 보내려면 그 부분이 안 걸릴 수는 없잖아요. 아! 그런데 저는 중고등학교 때 너무 공부만 하느라 많은 것들을 놓치고 살아서 그런지, 우리 딸은 중고등학교 때 공부 많이 안 하고 즐겼으면 좋겠어요. 그런데 그렇게 두기는 아마 쉽지 않겠죠.

● 자식 일인데 쉽지 않겠죠. 그런데 20세 이전에 결정하는 패러다임 자체는 사람들의 수명이 지금과 달리 짧았을 때의 이야기이지 않을까요?

맞아요. 좀 전에 20세라고 말씀하신 순간에 20세면 안 되는데, 하는 생각이 딱 들었어요. 20세면 뭔가를 결정짓기에는 너무 시간이 이르니까. 앞으로 80~90년은 살아야 되니까.

● 그러게요. 100세 시대를 생각했을 때, 이제는 마인드를 바꿔야 된다는 생각이 드네요. 자녀 교육을 하는 사람들의 입장에서도요.

음, 그러네요.

● 엄마들이 자꾸만 부모의 역할 자체를 아이의 10세부터 시작해서 20세 이전에 막 뭘 해 줘야 되고, 결정지어 줘야 되는 거라고 하는데, 이렇게 결정된 것으로 아이가 남은 80~90년을 산다면 너무 억울하지 않나 하는 생각이 들어요.

맞아요, 맞아요. 머리가 말랑말랑할 때 배우는 게 나을 거라는 생각이 들기도 하지만, 배우는 거에 나이가 무슨 상관이냐고 생각하면 그렇네요.

● 엄마가 나한테 10살 때 그렇게 시켜서 내가 지금 80~90년 이렇게 사는 거야, 하면서 원망이라도 한다면 이건 또 얼마나 서로에게 불행일까, 그러면서 우리가 평균 수명이 짧았던 시절에 고착되어서 앞으로 사고를 전진하지 못하고

있는 것은 아닐까, 하는 생각이 들더라고요.

아! 저도 수명이 길기 때문에 굳이 인생에서 몇 년이 날아가도 별 문제가 안 된다는 이야기를 상당히 많이 하긴 해요. 다른 애들한테는. 결혼은 놓치면 안 되겠지만 결혼 적령기 전후로 해서, 아니면 20대 몇 년 정도는 네가 앞으로 80~90년을 살 건데, 20대 몇 년이 사라진다 해도 별 문제는 안 될 거란 이야기를 많이 하기는 했어요. 그런데 지금 이야기 나누다 보니까 자식한테 그런 생각은 못 하고 있었네요. 어차피 80~90년 사는데 1, 2년 서둘러 가지고 후회한들 무슨 문제가 되냐, 이런 이야기 항상 입으로 했는데……. 애들 교육하고는 관련지어 생각을 못 했어요. 유년기에 뭔가를 결정하려고 하는 거는 결국 좋은 방법은 아닌 것 같다는 생각이 드네요.

따지고 보면, 엄마는 아이의 100년의 인생 중에서 20년, 즉 5분의 1에 해당하는 세월을 돌볼 뿐이다. 지영 씨는 자신이 딸의 나머지 80년 세월까지 다 책임져 줄 것처럼 구는 것 같다며, 스스로에게나 딸에 대해서나 여유를 가져야겠다고 다짐했다. 그리고 "내일 아침에 딸아이한테 천천히 해라. 앞으로 80년은 더 살아야 되는데. 80년이 뭐야, 90년까지 살아야 되는데"라고 이야기하고 싶다고 했다.

100세 시대를 강조한다고 해서, 어린 시절의 교육이 갖는 의미를 폄훼하려는 뜻은 없다. 당연히 아이는 엄마로부터 크게 영향을 받는다. 그런 점을 감안하더라도, 아이의 삶을 20세 이전에 완성시키는 것이 옳다고 여기는 우리의 조급증에 대해 이야기하고 싶은 것이다. 100세 시대에는 한평생 계속 배우고 변화하는 것이 자연스러운 일이다. 긴 인생을 사는 동안, 누구는 유년기에 일찍 두각을 나타내고 누구는 장년기에 재능이 만개한다. 아이가 지금 재능을 찾지 못하고 헤매고 있는 것처럼 보이는가? 그 경험이 훗날 아이에게 귀중한 자산이 될 수도 있다.

아이의 인생만이 아니라 엄마 자신의 인생을 위해서도 100세 시대의 자녀 교육을 돌아볼 필요가 있다. 40대 엄마들은 자식이 어느 대학에 갔는지에 따라서 등급이 달라지고, 50대 엄마들은 자식의 직업이나 소득에 따라서 등급이 갈린다는 이야기가 있다. 하지만 생각해 보자. 20세 미만의 자녀를 키우고 있는 엄마라면 대개 30~40대일 것이다. 앞으로의 인생이 짧게는 50년, 길게는 70년 가까이 남아 있다. 그런데 지금의 자녀 교육이 마치 삶의 전부인 양, 아이의 진학 성적에 따라 엄마의 삶까지 성공 여부가 좌지우지되는 것처럼 살아도 괜찮을까? 아이를 명문대에 보낸다 한들, 남은 50~70년 동안 그 타이틀에 기대어 행복하게 살 수 있을까? 아이의 인생을 내 인생과 등치시키면서, 껍데기만 남은 내 인생을 위한 한 줄기 위로로, 즐거움으로 여기며 살 수 있을까? 그 인생이 행복할까?

물론 자식이 내 기대만큼 잘 살지 못한다면 복 많은 인생이라고 여기기는 어려울 것이다. 하지만 그러한 기대가 진정으로 아이가 좋아하는 일, 보람을 느끼는 일을 찾아 하기를 바라는 것인가 스스로에게 물어보자. 잘 산다는 것의 의미가 좋은 학벌과 직장, 돈 많은 배우자를 가진 삶으로 한정되어 있는 구태에 얽매이지 않기를 바란다. 우리는 대개 '100세 시대의 도래'를 마치 남의 일처럼, 나와는 별로 상관없는 미래의 모습인 것처럼 이해하고 있다. 이는 곧 나의 미래일 것이고, 내 아이의 미래일 것이다. 이미 100세 시대는 시작되었다. 성큼 다가온 100세 시대, 아이와 내가 살아갈 미래에 대해 구체적으로 고민해 보자. 긴 호흡으로 천천히.

"서울대 엄마들은 실패 확률이 높아요.
시대와 상황이 바뀌었는데도
자신의 경험만을 고집하기 때문이죠."

생각하나

■ 초등학교 입학 단상

한 동네에 오랫동안 산 이웃 중에 일본인 남편을 둔 엄마 E 씨가 있다. 아이의 초등학교 입학을 앞두고 E 씨 부부는 한국 학교냐 일본인 학교냐를 두고 고민에 고민을 거듭했다. '단군의 자손'인 나는 한 명이라도 더 한국 학교에서 공부했으면 하는 바람으로 일본인 학교 진학을 은근히 반대했다. 하지만 E 씨 부부는 '지나친 사교육에 대한 부담감'과 '다문화에 대한 몰이해로 아이가 받을 상처'를 걱정하여 결국 딸아이를 일본인 학교에 입학시키는 것으로 결정을 내렸다.

그런데 일본인 학교의 입학 전 오리엔테이션을 다녀온 E 씨의 이야기는 한국 학교 학부모인 나에게 적지 않은 충격을 주었다. 일본인 학교 교장 선생님은 부모들을 향해 선행 학습 금지 조항을 강조, 또 강조했다고 한다. 특히 우리나라 '가나다라'에 해당하는 '히라가나 가타카나'를 배워 오지 말라고 했다고 한다. 한글을 다 떼고 학교에 가는 것이 보편적인 우리의 교육 풍토에서는 납득이 어려운 대목이다. 이유인즉슨 이랬다. 글쓰기는 습관이 중요하다. 그런데 아이들이 집에서 각자의 방식으로 배워 오게 되면 글쓰기 방식이 중구난방이 되고, 교사가 올바른 습관을 지도하기가 어려워진다. 따라서 아이들이 바르고 예쁜 글쓰기를 하기 위해서는 '백지 상태'로 학교에 보내야 한다는 것이다.

이뿐이 아니다. 교장 선생님은 몇 가지 꼭 필요한 학용품들, 가령 책가방이나 필통, 연필, 공책 등의 샘플을 제시하면서 이 이상의 사치스러운 제품 구매는 절대 삼가 달라고 당부했다고 한다. 입학을 앞둔 귀여운 자녀들에게 좋은 제품을 사 주고 싶은 것은 어느 부모나 매한가지이겠으나, 검소하고 실용적인 제품으로도 충분하다는 것이 이유였다. 안 그래도, 매년 신학기를 앞두고 주요 일간지들에서 '수십만 원을 호가하는 책가방을 선물하는 것이 하나의 문화로 자리 잡아 가고 있다'는 분석 기사를 접하며, 이 같은 보도가 도대체 소비 풍조를 질타하는 것인지 조장하는 것인지 애매모호하다고 생각하던 차였다. E 씨의 이야기를 들으며 마음 한구석에서 '학교는 뭘 하고 있나?' 하는 원망의 마음이 들었다. 나도 딸아이 입학을 앞두고 신입생 오리엔테이션에 갔지만, 반 배정 통지서와 학교생활 안내문을 받은 것이 다였다. 사치스러운 책가방을 사지 말라는 말은 학교로부터 전혀 들어 본 적이 없다.

또한 E 씨는 딸아이가 입학한 학기 초기에 교장 선생님과 모든 교사가 아침마다 교문에서 아이들의 등교를 반기는 인사를 건네는 모습에 감동을 받았다고 이야기했다. 이 시기에 교장 선생님은 신입생들의 이름을 일일이 기억하기 위해 이름표의 이름을 크게 불러 주기도 했다고 한다.

듣다 보니 부러운 게 한두 가지가 아니었다. 물론 내가 일본인 학교를 직접 체험해 보지는 않았기 때문에 그 모습이 전부일 것이라는 생각은 하지 않는다. 하지만 E 씨가 들려주는 일본인 학교의 모습에 부러운 마음도 들고, 우리의 학교 현실이 안타까운 마음도 드는 것은 어쩔 수 없었다.

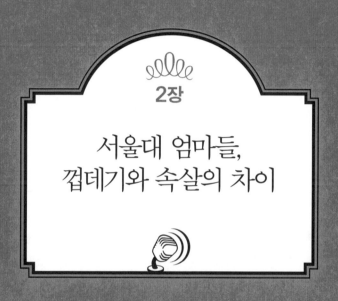

2장

서울대 엄마들,
껍데기와 속살의 차이

나는
비주류다

처음 서울대 엄마들을 만나러 가기 전에, 그러니까 인터뷰를 준
비하는 동안에 나는 서울대를 졸업한 여성들은 누구보다도 맹렬하
게 자신의 일에 매진하며 살고 있을 것이라고 기대했다. 그러나 두세
번의 인터뷰 만에 그런 기대는 산산조각 났다. 오히려 가부장제 사회
에서 누구보다도 큰 자괴감을 느끼며 살아가고 있는 여성들이 바로
서울대 출신의 그녀들이라는 사실을 알게 되었기 때문이다. 일에도
가정에도 최선을 다할 수 없는 버거운 현실 속에서 허우적대는 그녀
들은 가엾고 초라했다. 그녀들의 날개 한쪽이 뚝 하고 부러진 것 같
아 안타깝고 화가 났다.

나는 서울대를 졸업한 여성들의 입에서 "비주류"라는 단어가 나

올 것이라고는 상상도 하지 못했다. 엄마라는 타이틀을 다는 순간, 일에도 육아에도 100퍼센트 몰입할 수 없는 서글픈 현실에서, 내가 만난 서울대 엄마들은 '그래도 적절하다'고 생각되는 지점을 찾아 고군분투하고 있었다. 냉엄한 사회에서 일도 육아도 만족스럽게 수행할 수 있는 지점을 찾는 것은 그리 쉽지 않아 보였다. 그렇다 보니 그녀들이 느끼는 자괴감은 클 수밖에 없는 것으로 짐작된다. '비주류'라니, 실로 서글픈 자기 평가 아닌가?

그렇다면 무엇 때문에 이들은 스스로를 비주류로 평가하게 된 것일까? 무엇이 이들로 하여금 이토록 쓴 열패감을 맛보게 했을까? 엄마 역할을 병행하면서 동시에 사회에서는 남성들과 혹은 자녀가 없는 여성들과 동등하게 경쟁해야 하는 고단함과 자괴감이 그 요인일 것이다. 남자들에게 서울대를 졸업했다는 것의 의미는 무엇일까? 모르긴 해도 사회가 만들어 놓은 피라미드 구조의 정점을 향해 매진해 나아갈 수 있는 성능 좋은 엔진 하나를 장착했다는 것으로 보아도 무방하리라. 그런데 여자에게, 더구나 아이를 낳아서 키우는 엄마에게 서울대 졸업생이란 타이틀은 빛 좋은 개살구에 불과한지도 모른다.

이미 서울대 엄마들 대부분이 자신의 삶의 70~80퍼센트 이상을 아이가 차지한다고 답했던 사실에서 짐작할 수 있듯이, 그녀들은 직업적 일의 비중과 엄마 역할의 비중을 이야기할 때도 '당연히' 엄마 역할에 무게 중심을 두는 모습을 보였다. 만약 아이에게 무슨 일이라도 생긴다면 지금 하고 있는 일은 당장에라도 접을 수 있다는 것이 그녀들의 반응이었다. 남들이 보기에 아주 잘나가는 변호사도 공무원도 의사도 '자식이 먼저'라고 단호하게 말했다.

일과 가정이 각각 차지하는 비중에 대한 질문을 받자 미진 씨는 1대 9라고 답했다. 나는 의아했다. 힘들게 공부해서 박사 학위까지 취득하고 현재 전문직 공무원으로 일하고 있는 미진 씨에게 일의 비중이 고작 '1'이라는 대답을 선뜻 받아들이기가 어려웠다. 미진 씨는 아이 때문에 자신의 커리어를 포기해야 하는 순간이 생긴다면 일을 접는 선택을 할 것이라고 단호하게 말했다. 그리고 비단 자신뿐만 아니라 친구들도 마찬가지 선택을 할 것이라는 설명도 덧붙였다.

양미진 지금은 8 내지 9까지 갈 수 있을 거 같아요. 왜냐면 내가 아이랑 보내는 시간이 긴 건 아닌데요, 아이 없이 보내는 시간들은 별로 신경 쓰면서 보내는 시간이 아니라, 단지 그냥 일을 해야 되니까, 실적도 채워야 되니까 뭐 그냥 하는 것뿐이죠. 퇴근 후에 집에 가서 애한테 밥해 주고 재우고 하는 그동안에는 많이 신경을 쓰고, 과정들을 지켜보고, 주시하고 있잖아. 애가 혹시라도 좀 달라지는 건 없는지, 전에 비교해서. 그러니까 이제 보내는 시간이 8 내지 9는 전혀 아니지만 마음속의 비중은 그 정도 되죠.

● 만약에 아이 때문에 일을 포기해야만 하는 순간이 오게 된다면 포기할 수 있어요?

아, 그 순간이 온다면 좋은 마음으로 포기하기는 어렵겠죠. 그러니까 미련은 가지겠죠. 왜냐면 한번 떠나면 다시 올 수 없는 직장이잖아, 이 직장은. 하지만 정말 그만둬야 된다 그러면 아이를 위해서는 그만두죠, 당연히! 항상 이런 이야기를 친구들하고도 해요. 우리가 일을 하는 건 되게 위태위태하게 하는 거다, 솔직히. 애가 이상하고, 애한테 문제가 생기면 어떤 엄마가 일을 계속 고수하면서 애를 그냥 그대로 놔두겠냐. 당연히 때려치우고 애한테 올인하지. 그러면 친구들도 다 "그렇지." 이렇게 이야기하거든요.

미진 씨는 현재로서는 육아가 주는 의미와 기쁨이 인생의 거의 대부분을 차지하는 것 같다고 했다. 과거에는 여성이 자녀에게 '올인'하는 것이 이해되지 않았는데 지금은 "여성의 자아실현이 자녀의 학업 성취에 있다는 말이 가슴에 크게 와 닿는다"며, 가능한 한 아이가 공부를 잘했으면, 그래서 좋은 학교에 입학했으면, 엄마 아빠와 마찬가지로 서울대학교 동문이 되었으면 하는 바람을 가지고 있는 것이 사실이라고 말했다.

미진 씨는 언니를 셋 둔 막내딸인데, 어릴 적 부모님이 외국에 있는 동안 한국에 남아 언니들에게 의지하면서 생활했다. 그러다 보니 미진 씨의 기억 속에는 어머니에 대해 따뜻한 기억이 별로 없다. 그래서 미진 씨는 자신은 좋은 엄마가 되겠다고 스스로 주문을 외웠다고 했다. "엄마라면 자녀를 가장 우선순위로 여겨야 하고, 항상 곁에서 따뜻한 밥과 잠자리를 준비하고, 자녀를 응원하는 역할을 해야 된다"는 것이 미진 씨가 생각한 '이상적인 엄마' 역할이 된 것이다. 자식을 낳아 키우고 있는 지금은 오히려 당시 부모님의 결정을 인간적으로 충분히 이해할 수 있지만, 성장 과정의 영향으로 미진 씨는 엄마 역할을 우선시해야 한다는 생각이 강하다고 말했다.

> **양미진** 제 인생은 분명 희생이 되는 거겠죠. 그건 엄마이기 때문에 어쩔 수 없다고 생각하고요. 자주 되뇌게 돼요. 엄마이기 때문에 어쩔 수 없다는 말을요. 지난번 책을 읽다 어느 육아 전문가가 이런 말을 한 것을 본 적이 있어요. "여자들의 30~40대 자아실현은 육아다"라는 것을요. 그때는 웃고 말았는데, 진짜 그렇구나, 그렇게 될 수밖에 없구나, 뭔가를 놔 버리지 않는 이상 그렇게 될 수밖에 없구나. 육아에 대한 것을 놓을 수도 벗어날 수도 없고, 또 그렇게 해서 얻는 보람은 반드시 있을 것 같고.

남들은 부러워하는 전문직 공무원으로 일하고 있지만 미진 씨는 자신의 직업을 썩 마음에 들어 하지 않는다. 하지만 공무원이라는 직업의 특성상, 자신이 어린 시절부터 생각해 온 '엄마' 역할에 충실할 수 있다는 이유로 마음을 다잡는다고 했다.

미진 씨를 보면서, 인터뷰에 참여한 거의 모든 서울대 엄마들의 모습이 오버랩되었다. 누구보다 욕심이 많았고 뭐든 잘할 자신도 있었던 그녀들이다. 그럼에도 불구하고 아이에게 좋은 엄마가 되기 위해, 자신이 가고 싶은 길을 포기하거나 미룬 채 '엄마'로 사는 데 더 비중을 두고 있는 것이다. 아이를 키우는 데 있어서, 또 일을 하는 데 있어서 그녀들이 '비주류'라고 느끼는 것은 어쩌면 당연해 보인다.

사정이 이러하다 보니, 자신의 분야에서 'top'이 되고 싶다는 욕심은 서울대 엄마들에게 사치인 것처럼 보였다. 논문도 써야 되고 세미나도 참석해야 되지만 많은 것을 뒤로 미룬 채 파트타임 치과의사로 살아가는 현실을 서글프게 이야기하던 순정 씨. 의상 디자이너의 꿈을 포기한 채 '그냥 엄마'의 길을 선택한 정주 씨. 특히 정주 씨는 자신의 결정을 후회하며, 딸에게는 절대 서울대 갈 것을 권하고 싶지 않다는 말까지 했다. 이처럼 많은 서울대 엄마들은 '나 ○○○'보다 '△△△ 엄마'로 살겠노라고, 충실한 엄마 역할을 하겠노라고 마음먹으면서 많이 아파했고 힘들어했다.

물론 아파하기만 하는 것은 아니다. 지수 씨는 나와 친구 사이다. 인터뷰를 위해 10년 만에 다시 만나게 되었는데 그사이 지수 씨는 세 아이의 엄마가 되어 있었다. 큐레이터로 일하고 있는 지수 씨는 입주 베이비시터의 도움을 받으며 아이들을 키우고 있다. 한 시간 이상 걸리는 곳에 살고 있는 친정어머니의 손도 가끔 빌리고, 직장에서 허락되는 수유 시간을 활용해 점심시간마다 집으로 가 막내에게 젖을 물리는 등 육아와 직장일의 균형 지점을 찾기 위해 고군분투하고 있다. 하지만 최근 첫째 아이의 초등학교 입학을 앞두고 휴직이나 사직을 구체적으로 고려하게 되었다. 미대 졸업 후 외국 유학을 다녀온 경험도 있고, 굵직굵직한 전시회를 기획하는 능력도 탁월한 지수 씨이지만, 첫째 아이의 입학이 자신의 미래보다 훨씬 더 중요하다고 판단한 것이다. 많은 엄마들에게 뿌리 깊게 각인되어 있는 '초등학교 1학년 때 엄마가 집에 있지 않으면 아이가 학교생활 적응에 실패할 우려가 있다'는 생각을 지수 씨도 마찬가지로 가지고 있다. 남편 역시 지수 씨가 아이를 위한 선택을 하기를 내심 기대하고 있다고 한다. 지수 씨는 이러한 상황을 지극히 자연스럽게 받아들이려 하고 있다. 나는 친구인 지수 씨가 아이 셋을 낳는 선택을 한 것도 놀라웠지만, 화려한 경력을 접고 '엄마'의 삶을 선택하는 데 큰 미련이나 저항 같은 것이 없다는 사실에 안타까움을 느꼈다. 아마도 지수 씨는 '주류 엄마'로 사는 삶이 더 나은 선택일 수 있다고 결정한 것 같다.

서울대 엄마들과의 인터뷰가 진행되면 될수록 여성이 자아 성취와 육아라는 두 마리 토끼를 잡는 것은 '여전히' 우리 사회에서 거의 불가능에 가깝다는 것을 절감했다. 대한민국 상위 1퍼센트에 속할 정도의 똑똑한 그녀들조차 자녀에 관한 일이 1순위였다. 더구나 그녀들에게서 "이왕이면 부인보다는 남편이 잘되는 것이 낫지 않겠어요"라는 이야기를 듣는 것마저 그리 어렵지 않았다. 그러니 서울대 엄마들이 스스로를 "비주류"라고 칭하는 것이 그리 이상한 일만도 아닌 듯하다.

길어진 가방끈의
비밀

그런 의미에서, 인터뷰에 참여한 서울대 엄마들 중 상당수가 박사 학위 소지자이거나 취득 예정자였다는 사실을 짚어 볼 필요가 있다. 이는 무엇을 뜻할까?

전문직 공무원인 미진 씨의 경우, 남성 중심의 일터에서 여자로서 일하는 것이 쉽지 않은 데다, 결혼과 출산이라는 과정을 거치면서 조직 생활을 하는 것이 만만치 않다는 결론을 내렸다. 그렇다고 전업주부로서의 삶을 선택하는 각본은 자신의 인생에 존재하지 않았다. 그러다 지인으로부터 조언을 듣고 박사 과정 진학을 결정하게 되었다. 미진 씨는 이에 대해 "학위도 생기면서, 애도 볼 수 있다"라고 표현했다.

양미진 내가 2005년에 애를 낳았으니까, 회사에 3년, 4년 다니다 낳았나 보다. 그래서 이제 애를 낳고 나니까 너무 힘든 거예요. 회사 생활하는 것도 힘들고 비전도 없고. 설계 바닥의 짜증나는 면모를 다 깨달은 거지. 정말 다니면 한심하거든요. 애를 낳고 나니까 안 되겠는 거지. 애 돌보는 것도 너무 힘들고. 그래서 박사를 생각하게 된 거죠.

● **대학원에 가게 되면 육아를 할 수 있겠다고 생각한 거예요?**

네, 육아에 대한 니즈가 제일 컸죠. 그리고 그때 좀 친하게 지내던 과장님이 공립대에서 여자 교수를 무조건 채용하게끔 되어 있다, 몇 퍼센트 이상, 그러니 너는 무조건 박사를 해서 교수를 하는 게 좋다, 이런 이야기를 자꾸 하는 거예요. 그래서 그 말을 듣다 보니 은근히 주입이 되더라고요. 일단 학위가 생기면서, 또 애를 내 손으로 볼 수도 있겠다는 생각이 들고. 그래도 대충 몇 년 있다 가겠다는 마음으로 공부를 시작한 건 아니었어요. 연구실 들어오니까 박사와 석사의 차이점도 크고, 수업을 들어도 박사들한테는 훨씬 더 큰 걸 기대하잖아요. 그리고 이제 강의할 기회 같은 것도 자연스럽게 찾아오고 하니까. 아! 졸업해서 내가 이제 다른 종류의 커리어를 쌓을 수 있겠구나, 이제 설계 사무소는 안 가도 되겠구나, 이런 희망 같은 것도 보면서 욕심도 나고, 그러면서 학위를 마치게 된 거죠.

미진 씨와 거의 똑같은 이야기가 준희 씨의 입에서도 나왔다. 엄마가 되면서 조직 생활에 몰입하는 것이 쉽지 않은 상황에서도 아이를 잘 키우고 싶은 욕심이 거세되는 것은 아니다 보니, "손쉬운 선택"으로 박사 과정에 진학하게 되었다는 것이다.

오준희 첫째 때는 제가 애기를 키우고 싶어서 회사를 관뒀어요. 2년쯤 키우다가 다시 회사를 가야지 했는데 막상 그러려고 하니까 애기 때문에 못 가겠는 거예요, 여러 가지로. 학교는 이제 좀 시간 조절이 가능하잖아요. 애 키우면서도 공부는 할 수 있을 것 같았어요. 그래서 갔어요. 처음에 박사 과정 들어가라고 할 때는 콧방귀 끼고 귓등으로도 안 들었거든요. 그런데 생각해 보니까 진짜 괜찮겠는 거죠. 왜냐하면 이건 애 키우면서 학위도 생기잖아요. 그래서 한 거죠. 적성에 딱히 맞아서라기보다는.

준희 씨는 대학 선후배인 영신 씨, 소라 씨, 호연 씨와 넷이서 포커스 그룹 인터뷰에 참여했는데, 4명 중 2명은 박사이고, 2명은 박사 학위 과정 중이라는 사실을 자각했다. 자신이 왜 학위를 취득하게 되었는가 설명하다가 준희 씨는 또 다른 이유를 생각해 냈다. 항상 주목받고 살았던 '똑똑한 학생'이었던 과거의 경험이 발목을 잡아 '전업주부'라는 타이틀을 편안한 마음으로 받아들이는 것이 불가능했기 때문이라는 것이다. 그 자리를 함께한 영신 씨, 소라 씨, 호연 씨도 준희 씨와 같은 이유를 이야기했다.

오준희 서울대 나와서 사회생활 하지 않는 거에 대한 죄책감을 느끼고 괴로워하고 그런 것도 있었죠.

박영신 옛날에는 잘 나갔는데 지금은 평범해지는 게 아닌가 하는 생각이 들면 괴롭고요.

오준희 그러니까요. 다른 사람들은 편하게 전업주부 하는데. 이게 안 돼요. 편한 마음으로 주부 하는 게 안 된다고요.

박영신 꼭 서울대를 졸업해서 그렇다기보다는, 서울대를 오기까지 맨날 1등 했고, 항상 주목받았고, 그리고 무언가 해낼 거라는 기대감을 받았던 사람이기 때문에 그랬던 것 같아요. 뭐, 서울대 와서 캐릭터가 갑자기 달라졌다는 건 아니고요. 어릴 적부터 줄곧 그래 왔던 사람들이라, 그냥 어느 순간 누구의 아내가 되고, 누구의 엄마가 되고, 자기의 이름으로 살지 못하는 순간, 처음에는 엄청 낯설고 너무 힘들어하는 걸 저는 제 주변에서 많이 봤어요.

노소라 하긴, 나도 많이 힘들어했어요. 다시 일 시작하기 전까지는요.

박영신 그렇죠? 내가 잘할 수 있는 걸 안 하고 놓치는 거라 생각하니까 괴로운 것 같아요.

김호연 맞아요. 저도 같은 이유로 공부를 시작했는데, 제가 지금 박사

과정을 5년째 하고 있거든요. 그런데 하다 보니까 진짜 내가 제일 잘
하는 게 공부구나, 하는 생각이 들어요. 진짜, 진짜. 차라리 제일 쉬운
게 공부구나. 스스로, 나만 하면 되니까. 살림은 나뿐만 아니라 가족
전부를 내가 케어해야 하는 일이잖아요. 집안일을 내가 책임지고 해
야 하잖아요. 그러니까 힘든데, 공부는 차라리 그렇지 않아요. 나 혼자
만 하면 되니까 더 쉽지요.

전업주부로서의 삶이 "나의 정체성과는 거리가 멀다"고 여기는
서울대 엄마들의 입장에서는 경력 단절을 피할 수 있고, 새로운 직업
세계에 진입할 수 있는 수단으로서 공부를 떠올리게 된다는 것이 그
녀들의 주장이다.

여성이라는 위치 때문에 더욱 학위가 필요하다는 이야기도 있었
다. 공기업 연구원인 윤수 씨는 일간지 기자로 일하다가 대학원에 진
학한 경우이다. 처음에는 좀 더 전문적인 기자가 되려는 목적이었지
만 아예 공부 쪽으로 진로를 변경했다고 한다. 시부모님이 육아를 맡
아 주는 동안 윤수 씨는 박사 학위 논문에 매진했고, 그 결과 출퇴근
시간이 비교적 정확한 연구소에 자리를 잡았다. 그 덕분에 아이를 키
우는 환경이 훨씬 안정적이 되었다. 윤수 씨는 여전히 여성들의 사회
생활이 쉽지 않으며, 여성이 자신의 정체성을 가지고 '살아남기' 위
해서는 가방끈이 길어질 수밖에 없는 것이 현실이라고 씁쓸해했다.

송윤수 원래 학교로 다시 갈 때는 직장을 다니면서 병행할 생각이었어요. 기자 하고 있을 때였는데, 기자 한 5, 6년 하다 보면 굉장히 고갈되는 느낌을 많이 받거든요. 제가 경제지에 있다 보니까 경제 공부를 좀 하는 게 좋겠다, 사실 그렇게 시작을 했어요. 그런데 시작을 해 보니까 이게 만만하지가 않은 거예요. 이렇게 하다가는 안 되겠다 싶어서 아예 때려치우고 공부를 계속하련다.

● 제가 만난 분들 보면, 남편들은 학부 정도만 졸업을 하시는데 아내들은 공부를 더 길게 하신 거예요. 굳이 박사까지는 아니더라도 석사를 기본으로 하셨다든지.

서울대 여자들이 공부에 대한 욕심이 좀 있죠. 자기 잘하는 거를 계속하는 거죠. 사회생활을 하다가도 나의 아이덴티티identity는 '서울대 출신'이라는 게 있는 거예요. 그리고 일을 하면서도 주변에서도 그렇고 스스로도 그렇고 기대치는 높고, 그래서 내가 그 기대치를 충족시켜 줘야 하기도 하고. 나의 정체성이 계속 살아 나가게 하려면 공부를 더 한다든지 학위를 가진다든지 하면서 채우고 싶다는 생각이 들죠. 부족한 것을 더 얻고 싶다, 이런 생각을 많이 하게 되는 것 같아요.

남자는 꼭 그렇지 않은 게, 남자들은 학벌이 아닌 자기 능력만으로 풀어 나갈 수 있는 부분들이 참 많은데, 아직까지 우리나라에서 여자의 경우는 꼭 능력만은 아니잖아요. 보여 줄 수 있어야 하니까. 그렇다

보니 학력으로 그 부분을 어필하려고 노력하는 게 아닌가 싶네요. 유
난히 고학력이 많잖아요. 제 친구들도 보면, 여자애들은 학부만 나온
애들 정말 없거든요. 사회생활을 하면서 더 느끼는 것 같아요. 학부만
졸업하고 사회생활 했다가도 학교 더 다니는 생각을 하더라고요. 계
속 내가 가진 장점을 유지, 강화, 발전시키고자 하는 노력으로 학업을
이어 나가는 경우가 많은 것 같아요. (중략) 나는 더 잘하고 싶고, 나에
게 더 많은 기회가 있으면 좋겠는데 그 방법이 남자들에 비해서 잘 안
보이는 거죠. 그렇다 보니 '이걸 채우면 그다음은 될 것 같다. 내가 한
발 앞서서 그 기회를 잡을 수 있을 것 같다' 이렇게 생각하게 되는 것
같아요.

● 그럼 학위를 취득하시고 나서 현실에서 그런 경험을 하셨어요?
저 같은 경우는 직업을 바꿨잖아요. 그건 저한테 정말 큰 것이에요.
직업을 바꿀 때, 학위가 없으면 아예 바꿀 수 없는 직업으로 바꾼 거
잖아요. 그러니 저한테는 공부하는 것 자체가 힘들기는 했지만 '아,
내가 이렇게 해서 한번 바꾸는 거다' 했기 때문에 저는 공부한 거에
대해서는 잘했다는 생각을 하고 있어요.

윤수 씨의 남편이 지방에서 근무하기 때문에 두 사람은 주말 부
부이다. 그래서 윤수 씨는 만약 대학원에 진학하지 않고 계속 일간지

기자로 남아 있었더라면 아이 돌보는 일이 지금보다 훨씬 더 열악했을 것이라고 생각한다. 직업을 바꾸면서 스스로의 전문성을 높이고 위상을 달리했다는 장점 외에도, 윤수 씨는 일정한 근무 시간 안에서 예측 가능한 일을 하며 육아를 무리 없이 병행할 수 있다는 점에서 박사 학위를 딴 것이 백번 잘 한 일이라고 말했다.

서울대 엄마들이 열심히 공부해 학위를 따는 것은 장한 일이고 칭찬할 만한 일이다. 일과 가정의 양립이라는 고충을 해결하기 위해 나름대로 최선을 다한 결과이기 때문이다. 하지만 이러한 현상 이면에는 일반 기업들의 남성 위주 문화가 깔려 있음을 분명히 직시해야 한다. 여성에 대한 암묵적인 편견과 차별이 만연화되어 있는, '보이지 않는 유리천장'이 존재하는 기업 문화 속에서 서울대 엄마들은 최고 학벌로도 어쩌지 못하는 한계를 느끼고, 다시 학교로 탈출하고 있는 것이다. 오죽하면 공부가 차라리 쉽다고 말하겠는가.

개인이 무엇을 결정할 때 그 기준이 자신의 발전이라는 것쯤은 상식이다. 하지만 우리 사회의 '모성 신화'는 그 상식을 뒤엎어 놓는다. 엄마에게 육아 부담이 집중되고, '육아'가 여성의 삶을 평가하는 잣대로서 그 위상이 더욱 높아지고, 또 고도 산업 사회의 삶의 조건들 자체가 여성들의 일-가족 양립을 더욱더 어렵게 만들다 보니 엄마들은 새로운 돌파구로 '긴 가방끈'을 선택하고 있는 것이다.

'만족'을 어렵게 하는
학벌의 올가미

'엄마'로 살아가는 삶은 분명 중요하다. 모성이 타고나는 것이냐, 만들어지는 것이냐 같은 케케묵은 논쟁은 뒤로하고, 여자로 태어나 아이를 제 배 아파 낳으며 꼬물꼬물하는 자식을 품에 안고서 젖을 먹여 키우는 경험은 특별하다는 표현만으로는 부족하다. 그렇기에 서울대 엄마들은 아이를 위해 커리어를 포기하거나 진로를 수정하는 결단을 내리곤 하는 것이다. 억울한 감이 없지는 않지만, 그녀들은 이를 '나의 선택'으로 받아들이고 묵묵히 적응해 간다.

하지만 말이다, 가끔씩 불뚝불뚝 가슴 저 밑바닥에서 무엇인가가 솟구치는 느낌까지 어쩌지는 못하는 것 같다. 아이가 없었더라면 내 인생이 지금과는 사뭇 달라지지 않았을까 하는 의심이 들다가, 모든 것은 나의 선택이니 책임도 나에게 있다며 마음을 다독거린다. 같은 맞벌이라 해도 여성은 남성과 달리 육아라는 책임에서 발 빼기가 사실상 불가능하다. 주변의 맞벌이 여성들을 보아도 학원을 알아보는 것, 아이 담임 선생님과 전화 통화를 하는 것, 하다못해 아이 친구의 생일 파티에 함께 가서 학부모들과 수다 떠는 것까지 모두 다 엄마의 몫이다. 엄마들의 표현을 빌리자면 아빠는 그저 "돕는다". 그런가 하면, 남성들에게는 당연시되는 직장 내 충성을 기반으로 하는 승진에 엄마인 여성이 도전했다가는 '사장 될 것도 아니면서 자식 나 몰라라 하는 정신 나간 어미' 취급을 받기 일쑤다.

사정이 이러하다 보니 서울대 엄마들은 가끔씩 '내가 무엇 때문에 공부를 했을까' 싶은 회의에 사로잡히는 경험을 종종 한다고 말한다. 아등바등 살다가 문득 자신을 돌아보면 '똑똑한 여자의 팔자가 드세다'는 저잣거리 농담이 바로 나를 향한 비수였다는 생각에 심정 상하는 일이 있다는 것이다. 급기야는 왜 굳이 서울대에 갔을까 하는 데까지 생각이 미치게 된다. 미진 씨의 이야기를 들어 보자.

양미진 가방끈 길고 뭐 공부 좀 잘했고 이런 여자들이 별로 이렇게 말년이 편치 않아. 힘들어, 힘들어. 힘들게 살아. 그러니까 그냥 제일 좋은 거는, 애가 참하고 성격 무난하고 예쁘면 돼요. 외모가 뭐 연예인급은 아니어도 그냥 이렇게 어디 가서 그래도 내놓을 만한 정도로 딱 키우는 게 제일 좋아. 진짜 그래. 그렇게 보통 수준으로. 정말 그런 게 딱 가슴에 와 닿는다고 해야 되나요. 최근에 갑자기 가슴에 와 닿는 거야. 내가 옛날에도 우리 언니한테 그런 얘기를 한 적 있었거든요. 나는 내가 보통으로 커서 그냥 보통으로 학교도 가고 그랬으면 삶이 더 편했을 것 같다고. 그런 생각을 사실 한 적이 있어요, 예전에. 대학 다닐 때였던 거 같아요. 학부 때. 앞으로 뭐가 되어야지, 잘해서 남들 이겨야지, 설계 업계에서 내가 이름을 날려야지, 이런 생각 안 하고 그냥 연애 좀 하다가 그중에 괜찮은 사람하고 결혼해서 그냥 살림하면서 그렇게 살았으면 편하고 좋았겠다, 이런 생각이 든 적이 있어요.

● 편하고 좋았겠다, 라는 것이 만족스럽다는 의미는 아닌 거죠?

만족이 안 될 수도 있겠다는 생각은 그다음에 들었는데 그전까지 했던 생각은 뭐였냐면, 내가 꼭 뭐가 돼야겠다는 생각을 안 했을 것 같은 거야. 그런데 이건 괜히 눈만 높아진 거죠. 나는 뭐가 되어야만 할 것 같고, 뭐를 해야 될 것 같고, 남들한테 꿇리지 않는 직업을 가져야 할 것 같고. 그래서 그런 게 너무 피곤하다고 느껴진 적이 있었어요.

● 서울대라는 타이틀이 부담이라는 것인가요?

그렇지. 우리 기관에 서울대 출신이 많기는 많아. 그런데 뭐, 서울대에서 박사 학위를 받고 여기 와 있는 사람은 없잖아. 서울대 박사 얻고

서 여기 온 사람은 없어요. 갑자기 내가 좀 하향해서 온 것 같은 느낌
이 딱 드는 거야. 남들은 그렇게 온 사람이 없는데 내가 처음으로 왔
네, 이런 생각이 드는 거죠. 사실은 더 나은 어딘가로 갈 수도 있었는
데, 하는 생각을 한 적이 있어요. 그러다가 또 운 좋게 들어갔으면 그
냥 감사히 살아야지, 나 혼자서 그런 생각도 많이 해요. 어쩔 때는 많
이도 바란다, 또 어쩔 때는 억울하다. 들쑥날쑥 이런 생각, 저런 생각
많이 하는 것 같아요.

미진 씨는 생각의 진폭이 오락가락, 들쑥날쑥하는 경험을 종종
한다고 고백했다. 현재 몸담고 있는 직장에 대해, 자신을 받아 주었
으니 감사하다는 마음이 들다가도, 더 나은 선택을 할 수 있었던 것
은 아닌가 하는 의심에 휩싸이기도 한다. 서울대 출신이기 때문에 그
타이틀에 걸맞은 삶을 살아야 한다는 중압감이 미진 씨의 일상을 얼
마나 무거운 무게로 짓누르고 있는가를 짐작하기 어렵지 않았다.
이는 비단 미진 씨의 경험만은 아니다. 서울의 어느 4년제 대학
의 교수로 있는 성아 씨는 "서울대 교수가 되지 않는다면 서울대 출
신들은 만족이 어렵다"는 이야기를 들려주었다. 인생의 즐거움을 한
발짝, 한 발짝 전진하는 것에 둔다면, 서울대를 졸업하고 사회에 진
출한 순간, 그러한 감흥을 느끼기가 쉽지 않다는 것이 성아 씨의 설
명이다.

조성아 재미있고 기분 좋은 인생은 늘 성공하는 인생이에요. 전 단계보다 더 좋아지고 그 전 단계보다 더 좋아지는 인생이 재미있고 신 나는 인생이거든요. 그런데 서울대는 그게 좀 어려워요. 이를테면 같은 직장에 있어도 난 서울대학교 출신이기 때문에 이 직장이 만족스럽지 않은 부분이 늘 있는 거예요. 하지만 다른 사람들은 안 그렇기 때문에 이 직장이 자기에게 최고의 직장이고, 난 다른 동료들보다 굉장히 잘 된 케이스고 그렇게 생각하죠. 그런데 서울대 출신 사람들은 서울대가 아닌 곳의 교수가 되는 한, 최고는 서울대 교수인 거예요. 똑같이 공부했는데 누구는 서울대 교수가 되고, 누구는 편차가 큰 대학의 교수잖아요. 거기서 느끼는 그게 늘 있어요.

● 상대적 박탈감을 훨씬 많이 느낄 수밖에 없다는 것인가요?
그렇죠. 인생에 있어서 성공적으로 전진할 수 있는 기회가, 이미 너무 꼭짓점을 찍었기 때문에 한계가 있는 거예요. 그래서 행복감을 느끼는 게 좀 덜할 수 있어요. 오히려 그냥 중간 정도의 대학에서 더 좋은 학부로 편입을 하든지, 석사, 박사 이렇게 해서 내가 정말 노력해서 '아! 정말 내가 대학 시절엔 이럴 줄 몰랐는데 이 정도 하네. 나 잘했어' 이것하고, 늘 서울대에서 최고의 교수님들과 최고의 대우를 받던 것하고 느끼는 건 차이가 있어요. 그렇기 때문에 계속 강조하지만 서울대가 전부가 아닌 거죠, 인생에서.

서울대 엄마들의 이야기를 들으면서 나는 애니메이션 『센과 치히로의 행방불명』에서 보았던, 먹어도 먹어도 계속 배가 고파 모든 것을 먹어 치우는 괴물이 떠올랐다. 그리고 이러한 괴물로 살지 않기 위해 스스로 마인드 컨트롤을 해야 하는 그녀들의 이중고도 이해가 되었다.

　　만족(滿足). 마음에 흡족함. 모자람이 없이 충분하고 넉넉한 상태.

　　그녀들은 서울대 출신이기 때문에 사회인으로서 남들과 다른 성과를 내야 한다는 중압감에 시달리다 보니 엄마로서의 삶을 마음껏 즐길 수도 없다. 그렇다고 아이 키우는 일을 등한시하고 싶지도 않다 보니 자신의 기대만큼 사회적 성취를 이루는 것도 벅차다. 지금 서 있는 자리가 자신의 몸에 쏙 맞기보다는, 처지를 고려해서 골라 앉은 자리인 것 같은 생각이 들어 못마땅하다. 똑똑한 엄마가 키우는 자녀를 향한 주변의 기대치에 미치지 못하는 것 같아 아이를 다그치기라도 할라치면 그것도 화나고 가슴 아프다. 그렇다 보니 '만족'은 요원하기만 하다. '재미있고 신 나는 인생'을 살자면 서울대 엄마들은 갑절의 노력이 필요한 것이다.

　　윤수 씨는 서울대학교 졸업장을 받는 순간 가질 수 있었던 서울대 프리미엄이 여성들에게는 오히려 더 큰 대가를 지불하게 하는 것 같다고 이야기했다. 윤수 씨의 서울대 친구들 중 전업주부인 친구들은 70퍼센트 이상이 외국에 살고 있다고 한다. 윤수 씨는 "서울대씩이나 나왔는데 고작?" 같은 말을 듣고 싶지 않은 전업주부 친구들이 외국에 거주할 기회가 생겼을 때 나갔다가 그곳에 계속 머무르기를 선택하고 있다고 설명했다.

송윤수 한국에 있는 친구들 중 전업주부로 있는 친구들의 경우는 그냥 사는 게 좀 그런가 봐요. 뭔가 허전하고 그러면서도 '서울대씩이나 나왔으면서.' 이런 이야기도 듣는다고 하더라고요. 요즘 그 친구들을 보면 얼마나 사회활동을 하고 싶을까, 저렇게 살면 답답하겠다는 생각이 들죠. 하지만 요즘은 오히려 이런 전업 엄마들이 애들 교육은 전적으로 잘하니까 그런 선택에 대해서 비판하기는 힘들죠. 어쩌면 그런 애들이 마음먹고 자녀 교육에 올인한다면 서울대 엄마들이 더 맹렬하고 무서울 수 있죠.

● **주변 친구들 중에서 그런 모습을 보실 수 있어요?**

네. 그 친구들은 공부하는 것처럼 가정도 아이도 완벽하게 꾸려 나가죠. 그래서 어떤 사람들은 서울대 엄마들이 더 난리야, 그러기도 한다더라고요.

● **그분들의 삶에 대한 만족도는 어떨까요?**

글쎄요, 분명히 만족도는 낮은 것 같아요. 내가 볼 때는 사회생활 하는 사람들보다는 떨어져요. 그렇지만 그렇다고 뭐라고 말할 수는 없죠. 서울대 나온 여자들은 밖에 나와서 일을 열심히 해도 비난의 대상이 될 수 있고. 열심히 하는 엄마한테는 냉정한 엄마, 아이를 두고 저렇게 자기 출세만 좇는 여자라고 욕할 거잖아요. 그렇다고 집에 있어도 비난의 대상이 되죠. 도대체 애를 얼마나 잘 키우려고, 얼마나 똑소리 나게 키우나 두고 보자, 저 넘치는 에너지를 어떻게 아이 교육에 쓸까, 애를 얼마나 잡을까, 하는 식이죠. 참 어렵네요, 서울대 프리미엄을 가지고 엄마로 산다는 것이.

'서울대'라는 타이틀이 여성들의 삶에 어떠한 의미를 가지는가 여부는 다양한 측면에서 들여다보아야 알 수 있을 것이다. 하지만 윤수 씨의 지적대로 그녀들이 어떠한 선택을 하더라도 만족할 수 있거나 칭찬받을 수 있는 것은 아닌 듯 보인다. 자기 자신에게 집중할 때나, 아이에게 집중할 때나 쏟아지는 비난의 무게는 마찬가지인 것이다. 아무리 스스로의 신념에 따라 선택한 삶이라 해도 주변으로부터 비난과 매도가 쏟아진다면 그 누가 감당할 수 있을까? 이는 비단 서울대 엄마들뿐만 아니라, 자신만의 한 조각 삶을 누리고자 하는 무수한 다른 엄마들의 공통된 아픔이기도 하다. '그냥 엄마' 되기, 참 어렵다. 특히 학벌이 올가미가 된다면.

놀아도
행복하지 않아요

웰빙의 바람을 타고 우리 삶의 필수불가결한 조건으로 '잘 노는 것'이 회자되고 있는 요즈음이다. 지식정보화 사회에서 진정으로 필요한 인재상은 어쩌면 개미 같은 근면 성실함보다는 '창의'와 '재미'로 매 순간을 채울 수 있는, 그래서 삶을 즐겁고 윤기 흐르는 것으로 만드는 능력이 있는 사람이라는 것이다. 싸이가 「강남 스타일」로 전 세계를 강타한 것도 그가 '제대로 놀 줄 아는' 사람이었기 때문이 아닐까?

잘 놀 줄 알고 잘 쉴 줄 아는 것이 행복한 삶의 중요한 기준이라고 한다손 치면, 내가 만난 서울대 엄마들 중에는 편하게 쉴 줄도, 제대로 놀 줄도 모르는, 그래서 인생의 커다란 재미 한 축을 놓치고 사는 것은 아닐까 염려스러운 경우를 종종 발견할 수 있었다. 주변의 시선이나 스스로 정해 놓은 높은 기준에 신경 쓰느라 정작 인생의 소소한 재미를 놓치게 되는 경우가 종종 있다는 것이다. '서울대'라는 이름표를 달게 되면서부터 한층 더 엄중한 잣대로 평가되기 마련인데, 거기에 더해 여성이자 엄마라서 가해지는 이중적인 평가 기준 때문에 부담감과 죄책감이 더 크다는 고백을 들을 수 있었다.

전업주부인 정주 씨는 전업주부로서 살림과 남편 내조, 그리고 자녀 양육에 최선을 다하고 있지만, "서울대 나온 사람이 집에서 뭘 하나?"라는 시선이 느껴지고, 스스로 아무것도 하지 않는다는 자괴감에 빠지게 된다고 고백했다. 그렇다 보니 제대로 놀 수도, 쉴 수도, 즐길 수도 없는 딜레마를 경험하곤 한다. 정주 씨는 딸의 서울대 진학을 단 한 번도 바라지 않았노라고 단언했다. 아이 스스로 뜻을 정하고 노력하지 않는 이상, 엄마로서 굳이 딸의 서울대 진학을 염두에 두지 않겠다는 의지였다. 딸이 공부로 인해 인생의 무수한 즐거움들을 배제하며 살게 될까 봐 경계하는 것이다.

임정주 딸이 열심히 공부하는 게 전혀 반갑지 않아요. 진짜예요. 남녀 불문하고 소위 말하는 1퍼센트 안에 들어가는 비상한 애다 싶으면 그건 어쩔 수 없는 자기 팔자이겠지만, 평범한 애를 열심히 시켜서, 무슨 엘리트를 만들어 가면서, 늙어 죽을 때까지 아이로 하여금 편히 쉴 수도 없고, 놀 수도 없는 짐을 지게 하고 싶은 생각은 싹 사라졌어요. 군이 서울대라는 멍에를 지고, 가정뿐만 아니라 일을 가져야 한다는 강박관념으로 살게 하고 싶지 않아요. 그냥 편하게 엄마 역할을 선택해도 좋고, 원한다면 엄마 역할과 자신의 일을 함께 조화롭게 하면서 살 수 있으면 좋겠어요. 서울대를 졸업했다는 것 때문에 스스로 뭔가를 해야 한다는 강박관념으로부터 자유롭지 못한 삶을 살게 하고 싶지가 않아요.

정주 씨뿐만 아니라, 인터뷰에 참여한 많은 서울대 엄마들이 주변의 시선과 더불어 스스로에 대해 가지고 있는 높은 잣대로 인해 쉬는 것조차 제대로 못하는 안타까움을 토로했다. "편하게 쉬지도 못해요", "놀면서도 불편하죠", "뭐라도 하지 않으면 잉여 인간 같은 느낌이 들어요" 같은 표현들을 그녀들로부터 자주 들을 수 있었다.

박영신 서울대 나온 여자들은 놀아도 행복하지 않아요. 쉬어도 편히 쉬지 못해요. 이래도 되는 건가, 라는 걱정이 앞서거든요.

오준희 저는 큰아이 임신하고 직장을 쉬면서, 이렇게 쉬어도 되나, 걱정을 했어요. 그냥 엄마 역할만 하는 것이 친정 식구들을 비롯해서 남편, 그리고 나 자신도 용인이 되지 않더라고요. 남편이 저더러 "놀고 있을 때 학위나 따지!" 그런 말도 했어요. 그래서 대학원에 간 거죠. 간 김에 박사까지 하게 된 거고요. 서울대를 나와서 갖는 코스트cost라면 개인적으로 지나친 책임감 아닐까 싶네요. 사회생활 하지 않는 거에 대해 죄책감을 느끼고 괴로워하고 그런 거 같아요.

변화영 능력 있는 사람이 아무것도 하지 않고 있다고 해 봐요. 저는 일이 많고 피곤한 삶보다 더 괴롭고 힘든 것이라고 생각해요. 나는 능력 있는 사람인데 내가 이렇게 하려고 힘들게 공부하며 살았나, 하는 생각도 들고. 그런 것을 없애기 위해서는 자꾸 몸을 움직여서 나를 피곤하게 하는 거죠. 그렇게 사는 것이 더 마음 편해요. 하지만 내가 이렇게 살아 봤기 때문에 우리 애들은 적당히 대학 가서 자기가 좋아하는 것 하면서 적당히 살라고, 적당히 밥그릇 챙겨 먹으면서 스스로 삶에 만족하면서, 때로는 쉬면서 그렇게 살게 하고 싶어요.

이는 두 가지 측면에서 살펴볼 수 있다. 우선은, 성별을 떠나 좋은 교육을 받은 사람이라면 누구든지 의미 있는 사회적 역할을 수행해야 한다는 책임으로부터 자유롭기 어렵다는 점이다. 특히 서울대에 부여하는 우리 사회의 기대나 의미를 생각해 보면, 그녀들 스스로 개인적인 즐거움을 찾는 일에 서툰 것이 십분 이해가 간다. 다시 말해, 학벌 타이틀에서 자유롭지 못하다 보니 개인적인 즐거움이나 재미를 희생하는 또는 간과하는 일이 비일비재하게 되는 것이다. 또 다른 한편으로 보자면, "놀아도 맘이 편치 않은" 그녀들은 극도의 경쟁을 극복한 경험이 있고, 그에 따라 스스로의 능력과 역량에 대한 자부심이 충만하다는 점이다. 이러한 경험들이 스스로를 과도한 역할 경쟁 속으로 몰아가게 하며, 끊임없는 자기 검열을 통한 발전을 강요하게 되는 것으로 보인다. 그러면서 그녀들은 행복하지 않다고, 딸에게는 같은 삶을 물려주고 싶지 않다고 이야기하는 자승자박의 모습을 보이고 있다. 그녀들은 사는 동안 '제대로 노는 맛'의 경지를 느껴볼 수 있을까? 놀아도 행복하지 않은 서울대 엄마로 계속 살아갈 수밖에 없는 것일까?

치열한 경쟁 사회에서 살아남기 위해 고군분투한 적이 있는 엄마들이라면 유사한 경험을 했을 것이다. 자신의 발전을 위한 노력을 조금이라도 게을리할라치면 변방으로 밀려나기 쉬운 일터에서 개인적인 즐거움이나 재미를 희생하는 것은 어쩌면 살아남기 위한 가장 손쉬운 전략인지도 모르겠다. 육아 휴직이 법적으로 보장되는 직장에 다니고 있는 경우에도 복직 이후의 업무 능력 저하나 진급상 불이익을 우려해 마음 놓고 어린 자식에게 젖을 물릴 기회를 놓치는 일이 비일비재하다. 나의 경우도, 3개월 출산 휴가에 붙여 한 달간의 육아 휴직을 사용하면서 뾰족한 바늘방석 위에 앉아 있는 것같이 불편했던 느낌을 잊을 수 없다. 직장에서는 집안일을, 집에 와서는 못

다 한 일을 걱정하는 자신이 이해되지 않는 경험 또한 흔할 것이다. 회의하는 동안에는 퇴근 이후에 아이 숙제 봐줄 걱정, 저녁 반찬 할 걱정을 하다가, 막상 퇴근한 후에는 "엄마 피곤해. 할 일 있어"라며 아이들을 밀쳐 내기 일쑤다.

카르페 디엠 Carpe Diem!

지금 살고 있는 현재 이 순간에 충실하라. 흔히 들을 수 있는 라틴어 격언이다. 오늘을 즐기고 싶지만 내일, 한 달 후, 1년 후를 확신하지 못하는 우리들에게 이는 그야말로 수첩 속 격언일 뿐이다. 사실, 매일을 마치 마지막 날인 것처럼 즐기는 것은 쉽지도 않고 어리석을 수도 있는 일이다. 유명한 '마시멜로 실험'*에서 보듯이 우리는 현재의 즐거움과 만족을 지연하면서 안락한 미래를 기대하는 것을 독려하는 문화에 익숙하다.

하지만 나에게 쉼이 허락된 그 순간만큼은 편하게 쉬고, 제대로 놀 권리를 누려야 한다. 인생의 재미 한 축을 꼭 붙들고 사는 모습은 그 자체로 아이들에게 훌륭한 가정 교육이 될 수 있기 때문이다. 주

---

* 미국 스탠퍼드대학의 심리학 교수 월터 미셸은 1960년대에 '보상을 미루기'라는 주제로 유명한 실험을 하였다. 유튜브나 TV의 실험카메라 코너 등에서 수차례 리바이벌 된 이 실험의 내용은, 꼬마들 앞에 마시멜로를 놓아두고, 그 마시멜로를 지금 먹어도 되지만 몇 분을 기다리면 하나를 더 받을 수 있다고 설명해 준다. 실험에 참여한 4살짜리 꼬마 653명은 어떻게 되었을까? 절반은 마시멜로 유혹을 참았지만, 절반은 손을 댔다고 한다. 그로부터 15년 뒤 어린이들의 미래를 추적한 결과, 유혹을 이긴 어린이는 명문대에 진학했지만, 그러지 못한 어린이는 그저 그런 삶을 살았다는 것이 이 실험의 핵심이다. 말하자면, 유혹을 이겨 내는 강인한 사람이 성공한다는 명제를 실험으로 증명한 것이다.

변의 시선이나 자신이 정한 높은 기준에 연연하지 말고, 즐겁고 재미있는 인생을 살아갈 나만의 방도를 모색해 보자. 나 역시 '놀 때 제대로 놀 줄 아는 행복한 사람'이 되고 싶다.

똑똑해서 안타까운 딸 vs 잘나 봤자 어차피 며느리

인터뷰에 참여한 서울대 엄마들 가운데는 부모나 가족으로부터 "독한 년", "싸가지 없는 아이" 혹은 "자기밖에 모르는 딸"이라는 말을 들으며 자랐다고 담담한 어투로 전한 경우도 있었다. 그래도 기본적으로 그녀들은 부모의 기대를 한 몸에 받은 자랑스러운 딸이었다. 특히 어머니의 기대가 컸다. 바깥일에만 관심을 가진 남편과 엄격한 시부모님, 그리고 여성들의 사회 진출이 전무하다시피 한 시대 상황 때문에 꿈을 펼쳐 볼 기회조차 갖기 어려웠던 우리의 어머니들에게 똑똑한 딸은 나를 대신하여 홈런을 쳐 줄 대타 같은 존재였다. "너는 열심히 공부해서 나처럼 살지 마라!"라는 어머니의 소원을 종종 들으면서 자랐기에, 누구의 지원이나 도움 없이도 스스로 정한 삶의 목표와 원칙에 따라 공부에 매진했던 딸들이 바로 인터뷰에 응한 90년대 학번의 그녀들*이다. 그녀들은 말한다.

"그 당시 저의 엄마는 대학 나오신 분이였어요. 나름 굉장한 자부심이 있었지만 결국 우리들 뒷바라지만 하신 거죠."

"똑똑한 분이셨지만 결국 대학은 포기하셨다고 해요. 지금도 저보다 상식을 더 많이 알고 계세요."

"엄마도 사회생활을 하고 싶었다고 해요. 결혼하고 언니하고 저 둘을 낳으셨는데, 어릴 때부터 너희들은 똑똑하게 잘 살아야 된다는 말씀을 자주 하셨어요."

많은 엄마들이 딸에게 기대를 품는다. 공부를 잘해서, 능력을 십분 발휘할 수 있는 직업을 가지고, 그야말로 '나와는 좀 다르게' 살기를 바란다. 이른 아침부터 따뜻한 밥을 지어 먹이고, 비싼 사교육비를 감당해 가며 학원에 실어 나르면서도 힘든 줄 모르는 것은 딸아이가 좀 더 나은 인생, 이 세상에서 당당하게 자기 이름 세 글자로 승부를 걸고 살 수 있는 사람이 되어 주길 바라는 마음이 크기 때문이

---

* 최근 397세대가 주목받고 있다. 이들은 '자력으로 중산층 진입 첫 불가 세대', '서태지와 아이들에서 시작된 아이돌 문화의 자장권에서 10대를 보낸 첫 세대'다. 70년대에 태어나 90년대 대학을 간 이들은 20대에는 IMF 외환위기를 겪고, 30대에는 부동산 버블의 희생양이 됐다. 그래서일까? "앵그리 397"이라고 이들을 명명한다. 본 인터뷰 대상자들 대부분이 이 397세대에 속해 있는 특징이 있다. 그녀들이 자신의 학벌이나 성취에 대해 다소 냉소적인 태도를 취한다거나, 다가올 미래에 대해 암울하게 생각하는 경향이 강한 것은 이 같은 세대적 속성이 다분히 반영된 것으로 보인다.

다. 가까운 미래에 재능을 아낌없이 펼치고, 세상을 향해 목소리를 또박또박 내는 딸의 모습은 상상만으로도 즐겁다.

나는 서울대 엄마들에게서 장래 우리 딸아이의 모습을 미리 만날 수 있을 것이라고 기대했다. 그녀들이라면 가부장제나 남녀 차별과 같은 구태에서 벗어나 '꿈'과 '희망'을 들려줄 수 있을 것이라고 기대했다. 그녀들은 누가 뭐라 해도 서울대 출신의 여자들 아닌가? 하지만 그녀들이라고 해서 별반 다를 것 없는 삶을 살고 있다는 사실을 알아차리는 데는 시간이 그리 오래 걸리지 않았다. 이 사회가 여성들에게, 특히 아이를 키우면서 일을 하는 여성들에게 그리 호락호락하지 않다는 것을 경험적으로 간파한 그녀들 중에는 "공부도 공부지만, 꽃처럼 예쁘게 남편 그늘에서 팔자 편하게 사는 게 최고죠"라고 하는 경우도 있었다. 그것이 꼭 그녀 자신의 생각은 아니라면서도 "누가 그러는데 틀린 소리는 아닌 것 같아요"라고 전하는 식이었다. 나의 경우도 가까운 친구나 학부모들로부터 이런 이야기를 정말 많이도 듣는다. 딸 키우는 입장에서 참 반갑지 않지만 그래도 맞는 말이라는 생각이 들 때가 있는 것이 사실이다. 인터뷰가 거듭될수록 누구보다 정성 들여 딸을 키웠을 그녀들의 부모님이 떠올라 마음 아팠다.

약사로 일하는 지영 씨는 부모님이 두 남동생보다 더 기대하며 키운 똑똑하고 자랑스러운 딸이었다. 당연히 '딸 차별'은 겪어 본 적도 없었다. 지영 씨는 초등학교 시절부터 남달리 공부를 잘했고, 중고등학교 때도 선생님들이 학급 임원 자리를 "귀찮을 정도로 떠맡기는" 모범생이었다. 그런 딸이 서울에 있는 모 사립 대학교에 합격하자 아버지는 직접 서울의 재수 학원에 등록을 해 놓고 집에 돌아와 지영 씨에게 재수를 종용했다. 1년 후, 딸이 서울대에 합격하자 이제는 사법 시험에 도전해 법조인이 될 것을 기대했다. 그만큼 아버지의 입장에서 지영 씨는 세상 그 어떤 아들보다 잘난 딸이었던 것이다. 그런데 대학 졸업과 동시에 약사 생활을 시작한 지영 씨는 이때부터 여성의 삶이 가지는 한계를 체험하게 되었다고 한다. 과 커플이었던 남편이 학업을 계속하는 동안 지영 씨는 약사로 일하며 남편을 뒷바라지했고, 남편이 미국에 유학 가 있는 동안에는 두 아이를 혼자서 키우는 워킹맘 노릇까지 했다. 정작 지영 씨의 꿈은 동네 약국의 약사가 아니었음에도, 상황이 그러하다 보니 엄마로서, 아내로서의 역할에 책임을 다해야 했다. 그러면서 스스로 원하는 삶과는 더욱 거리가 멀어진 것이다. 결혼한 뒤로 자신의 꿈보다는 남편과 자식의 꿈을 뒷바라지하는 지영 씨를 보며 아버지는 실망을 금치 못했다고 한다. 딸이 재능을 마음껏 펼치며 살 것이라 기대했지만 그것은 그야말로 꿈이었던 것이다.

김지영 아빠가 아무런 의논도 없이 종로학원에 등록해 놓고 내려오셨던 거예요. 무조건 재수하라고, 서울대 가라고. 나는 막 가기 싫다고. 아빠는 가라고. 그래서 아빠가 욕심을 보이신 거는 그때 고등학교 때 딱 한번. 그리고 대학교 때 사법고시 한번 해 보지 않겠냐. 그 이후로 는 뭐 다른 말씀 없으신데. 네가 능력이 되면 능력껏 사는 거다, 라는 주의이셨는데, 이제 애 낳고 애 둘 키우면서 정말 지지리 궁상맞게 사 는 걸 보시니까 엄청 답답하신가 보죠. 요즈음은 여자가 너무 능력 있 는 척하면 안 돼, 그러니까 네가 능력 있는 건 어쩔 수 없지만 능력 있 는 척하지 마라, 너도 못한다고 징징거려라, 그런 말씀까지 하시더라 고요. 너도 힘들다고 징징거리고, 못한다고 징징거리고, 네가 다 할 수 있다고 보여 주지 말라고, 이런 말씀을 하시더라고요.

지영 씨의 친정 부모님은 딸이 똑똑해서 고생스럽게 산다고 자 조하는 것이다. 그런 부모님을 보는 지영 씨의 마음도 편할 리 없다.

이렇게 부모님 눈에는 안타까운 딸인 그녀들이건만, 시댁과의 관계에서는 오히려 그 똑똑함 때문에 조심스러워진다. 그녀들은 '잘 난 며느리'이기 때문에 시댁에 오해를 살 만한 행동이나 '잘난 척'으 로 비춰질 그 어떤 행동도 조심해야 한다는 이야기를 많이 했다. 후 배 중 하나는 처음 시댁에 인사하러 간 날, "네가 서울대 나온 건 아 무것도 아니다. 우리 집안에 서울대 나온 사람을 꼽자면 손가락이 부 족해. 그러니 처신 잘해라"는 말을 들은 것이 오래도록 기억에 남아 있다고 한다. 사정이 그러하다 보니 서울대 엄마들 입장에서는 자신의 삶이 '도매급'으로 넘겨지는 것 같아 속상하다. 그녀들은 그 어디에서도 받아 보지 못한 부당한 대우 앞에서도 단지 며느리라는 이유로 감내해야 하는 상황에 종종 마음을 다잡기가 어렵다고 호소했다.

● 시어머니는 서울대 며느리 보는 거에 대해 어떠셨어요?

김지영 우리 어머님은 서울대 며느리를 중시한 게 아니에요. 저는 그냥 아들 못 낳는 며느리예요. 어머님이 딸 넷을 낳고 얻은 아들이 우리 남편이에요. 엄청난 기대를 하셨죠. 딸 넷 낳고 빌어서 낳은 아들이라고 하시더라고요. 시동생이 하나 있는데, 남편도 시동생도 둘 다 서울대에 갔죠. 두 아들이 서울대에. 그렇다 보니 그 어머님의 자부심이라는 거는……. 며느리가, 저는 서울대 나온 약사이고 우리 동서는 의사예요. 그래도 그냥 하잘것없는 며느리인 거죠.

● 그러면 지금도 계속 아들 낳으라고 하세요?

이제는 저한테 이야기 안 하시죠. 하지만 남편한테는 끊임없이. 평온하게 일상을 살다가도 한 번씩 도대체 내가 왜 이런 대접을 받아야 하는가에 대해, 이게 치솟으면 주체할 수가 없는 거예요. 나도 귀한 딸이고, 정말 남부럽지 않게 내가 원하는 만큼 공부하고 정말 노력해서 여기까지 왔고, 누가 보면 사실 뭐가 정말 이상하게 내가 장애가 있는 것도 아니고, 정신적으로 이상한 것도 아니고, 그렇다고 우리 집이 이상한 집도 아니고, 정말 무시당할 게 없는데도 불구하고 끊임없이 시댁 쪽에서 인정을 못 받으니까 한 번씩 확 솟죠.

전업주부인 주선 씨는 결혼 전부터 시댁과 불화가 있었다고 한다. 결혼식 직전까지도 결혼을 하나 마나 고민하며 심적인 갈등을 크게 겪은 경험이 있을 정도로, 시부모님으로부터 받은 부당한 대우는 주선 씨를 고통스럽게 했다. 결혼 이후로도 시댁과의 불화가 이어지고 여기에 경제적인 어려움까지 겪으면서 주선 씨는 매우 힘든 시간을 보냈다. 하지만 친정아버지에게는 별다른 내색을 할 수 없었다고 했다. 언제나 착하고 모범적인 딸이었던 만큼 잘 사는 모습을 보여야 한다는 생각이 너무 컸기 때문이다.

윤주선 결혼 날짜 잡고 예식장을 잡고 할 때부터 상처를 받았거든요. 너무 많은 일들이 있었던 거예요. 시어머님이 저를 부잣집 막내딸로 상상을 하셨는지, 친정에다가 졸라서 이것저것 사 달라고 그래라, 이런 식으로 이야기하시는 거예요. 그게 저는 너무 싫었거든요. 그래서 결혼을 너무 하기 싫었어요. 결혼한 이후로도 속상한 일들이 많이 있지만 엄마가 아버지한테는 말을 안 전해 드려요. 아빠한테 안 좋은 이미지 줄까 봐 그런 이야기 일절 안 하는 거죠. 그동안 걱정 한 번 끼친

적 없는 저였기 때문에……. 이게 좋은 이야기는 아니니까. 혹여 들으시면 너 참 못났다, 너 꼴 보기 싫다, 그러실까 봐서요.

유명 미술관에서 일하던 현승 씨는 아이를 기르는 와중에 갑작스럽게 시어머님의 병환까지 닥치자 직장과 학업을 그만두어야 했던 적이 있다. "그림 보는 눈이 있다"는 전공 교수님의 칭찬과, 공부를 향한 열정에도 불구하고 현승 씨는 좋은 며느리로서의 삶을 더먼저 챙겼던 것이다. 현승 씨는 자신이 해야 하는 역할들을 재구성하는 과정에서 느낀 아픔을 이렇게 전달했다.

옥현승 결혼을 하고 난 당시는 어머님이 폐암 수술을 하신 직후였어요. 그렇다 보니 어머님을 돌봐 드려야 하는 일이 있었어요. 당시에는 원인 모를 통증으로 우울증이 되게 심했고, 저는 또 아이도 키워야 하고, 일도 나가야 했고, 정말 너무너무 힘들었어요. 결국 제일 먼저 놓을 수 있는 게 제 학업이더라고요. 그래서 논문을 쓰다가 중도에 그만 뒀지요. 이런 결정을 내리고 나 스스로 편해지기까지 타협하는 기간이 정말로 오랫동안 필요하더라고요.

자라면서 부모님에게 특별한 걱정을 끼쳐 드린 적이 없는 반듯한 딸이었던 서울대 엄마들. 우리가 딸에게 갖는 기대, 좋은 대학을

나와 사회에서 당당한 한 몫을 하고 살 것이라는 기대는 지금 서울
대 엄마들 역시 그녀들의 부모로부터 받아 온 기대였던 것이다. 하지
만 그녀들이 맞닥뜨린 가정생활이나 직장생활은 여전히 여성이라서
감내해야 하는 것이 많은, 애초에 불리한 게임 같은 것이다.

　독일의 사회심리학자 엘리자베트 백-게른스하임은 남성들과 똑
같은 교육을 받으며 성장한 '새로운 여성'들이 종종 서로 다른 요구
들, 경우에 따라서는 서로 합치될 수 없는 요구들이 대립하는 상황에
자주 놓이게 된다고 지적하고 있다.* 즉, 한편에서는 경쟁 및 출세라
는 조건에서 인생의 규율화와 획일화를 요구받고, 다른 한편에서는
전통적으로 여성의 영역에 속하는 배려나 따뜻함과 같은 가치들까
지 요구받는다는 것이다. 이 '새로운 여성'들은 바로 서울대 엄마들
이고, 지금을 살아가는 대다수 엄마들의 모습일 것이다. '새로운 여
성'으로서 느끼는 괴리로 말미암아 그녀들은 냉소적인 표정으로 "얼
굴 예쁘고 시집 잘 가면 장땡이에요", "딸에게는 절대 공부 잘하라는
말을 하지 않을 거예요"라고 일갈하는 것이다.

　서울대 엄마들의 경험에서 볼 수 있듯이 우리 사회에서는 학벌
이라는 것이 여성들의 삶을 파격적으로 상향 조정시킬 만한 힘을 가
지는 것 같지는 않다. 출산을 앞두고 사직을 결심하고, 파트타이머

---

* 엘리자베트 백-게른스하임 『내 모든 사랑을 아이에게?』 (새물결, 2000)

로 일하며 스스로를 "비주류"라 칭하는, 경력 단절에 대한 두려움으로 전전긍긍하다가 박사 과정에 도전하지만 그것이 결코 바람직한 대안일 수는 없는 서울대 엄마들의 모습 속에서 우리는 어떤 도전을 해 볼 수 있을까? 한 인격체로 당당하게, 이전의 엄마 세대의 모습과는 다른 진보적인 삶을 살 수 있을 것이라고 꿈꾸었던 당신. 지금 당신 품 안에서 자라고 있는 딸에게 어떠한 세상을 주고 싶은가? 당신이 세상에 대해 품었던 희망이 아이의 삶 속에서 실현되기 위해서 지금 나는 무엇을 해야 할까?

할머니의 희생으로
지탱되는 엄마 역할

많은 엄마들이 아이를 키우며 다양한 이유로 조부모로부터 도움을 받는다. 아직까지 믿고 맡길 만한 보육 환경이 정착되지 않은 현실에서, 조부모가 육아 도우미를 자처해 주면 맞벌이 여성은 엎드려 절이라도 하고 싶다. 꼭 맞벌이가 아니더라도, 콩섶가족bean pole family*이 증가하면서 귀한 손자 손녀를 돌보는 것을 희생이 아닌 즐

---

* 저출산, 고령화 사회가 도래하면서 나타나게 된 가족 형태이다. 본래 가족은 '나무tree'로 표현되었지만, 현재는 얇고 가느다란 '콩섶bean pole'에 비유된다. 그동안 우리는 실로 다양한 친족의 범위를 경험해 왔다. 조카가 있는가 하면, 삼촌, 외삼촌, 고모, 이모, 하다못해 5촌 당숙, 6촌 조카들까지. 그런데 출산율 감소에 따라 지금의 아이들, 그리고 앞으로 태어날 아이들이 경험하게 될 친족의 범위는 굉장히 제한적일 수밖에 없다. 100세 시대 도래로 4세대, 5세대, 심지어는 6세대까지 함께 동시대인으로 살게 될 가능성이 커졌지만 이들이 경험하는 친족의 범위가 수직적인 구조를 가진 것을 두고, 사회노년학에서는 '콩섶가족'이 미래 가족의 모습 중 하나가 될 것이라고 설명하고 있다.

거움으로 여기는 조부모가 늘어난 것도 우리 현실이다. 평균 수명의 연장으로 조부모와 손주가 함께 서로의 삶을 공유하는 기간이 늘어나면서, 또 여성들의 사회활동이 활발해지면서, 두 세대에 걸쳐 넘나드는 조부모의 육아는 이제 어느 정도 자리 잡아 가는 분위기이다. 가까이 살면서 아이를 보살피는 일을 직접 도와주는 조부모도 있고, 육아에 필요한 비용을 제공하는 조부모도 있다. 이처럼 경제적으로든, 심리적으로든, 일손으로든 도움을 받고 있는 자녀들은 이를 너무나 감사한 것으로, 그래서 자신의 '복(福)'으로 생각하기도 하고, 부모가 당연히 베풀어야 할 몫이라고 여기기도 한다. 후자 같은 경우가 없기를 바라지만 분명히 존재하는 것이 사실이다.

2010년 서울대 아동가족학과와 보령 모자생활과학연구소가 공동 수행한 '대한민국 엄마 파이팅' 연구에 따르면, 만 5살 이하의 자녀를 키우고 있는 엄마들의 경우, 함께 있을 때 가장 행복하다고 느끼는 사람은 바로 '친정 부모'였다. '내리사랑'이라는 표현처럼, 엄마 자신도 누군가로부터 사랑과 보살핌을 받는다고 느끼는 바로 그때 행복한 것은 아주 당연해 보인다. 나는 아이를 낳아 키우면서 '엄마 없이 엄마가 된 여자들'에게 괜히 미안하고 안쓰러운 감정이 들었다. 부모의 내리사랑이 주는 안정과 행복을 체험했기 때문이다. 이처럼 친정 부모든 혹은 시부모든 육아에 도움을 줄 만한 조부모가 있으면 엄마는 훨씬 더 안정적으로 자신의 역할을 수행할 수 있다. 특히 맞벌이가 보편화된 요즈음, 기대 이하의 보육 환경을 감안하면 조부모의 도움은 그 어떤 단비보다 반가울 수밖에 없다.

그런데 한 번 더 생각해 보면, 딸 또는 며느리의 사회생활과 손주의 안정적인 양육 환경을 위해 조모는, 그리고 조부 역시 노년기의 상당 시간을 희생하게 된다. 정말이지 귀한 시간을 말이다. 노년기가 어떤 시기인가? 노년기 전까지는 자식 돌보며, 부모 봉양하며, 상사 눈치 보며 사는 '조연'의 삶이었다. 그랬기 때문에 이제 남아 있는 시간에는 내 나름으로 놀고 배우고 나누면서 살고 싶어진다. 또 그래야 된다는 이야기도 듣는다. 게다가 '아이 봐 준 공은 없다'는 옛말을 굳이 들먹거리지 않아도, 손주를 돌보는 데에는 공(功)보다는 과(過)가 눈에 뜨이는 법이다. 하지만 핏줄이 뭔지, 자식이 뭔지 결국 조부모들은 손주를 들쳐 업는다. 매스컴에서는 '신(新) 모계 가족' 운운하며, 친정과 가까이 지내는 세태가 마치 여성 상위 시대의 증거인 양 떠들어 대고 있다. 행여 적극적으로 육아에 참여하지 않는 조부모들은 딸이나 며느리 눈치를 살피는 처지가 되어, 불편한 가시방석에 앉아 있는 듯 마음을 부대껴 한다.

조부모 중에서도 아무래도 '조모' 쪽이 손주의 육아를 떠안게 된다. 여성의 사회생활을 위해서 또 다른 여성이 희생해야만 하는 가부장제 사회의 풀리지 않는 실태는 서울대 엄마의 경우, 더욱 극대화되어 나타난다고 보아도 무방할 듯싶다. 많이 배운 딸 또는 며느리의 원만한 사회생활을 위해서 조모의 희생은 어느 정도 당연시되는 분위기인 것이다.

인터뷰에 참여한 서울대 엄마들 대부분이 친정 부모님이나 시부모님으로부터 육아와 관련된 도움을 구하고 있었다. 친정 부모님 혹은 친정어머니와 동거하고 있는 성아 씨, 민경 씨, 그리고 이정 씨, 시부모님과 동거하는 현승 씨, 시부모님에게 아들을 맡긴 경험이 있는 미진 씨, 친정 부모님 댁에 둘째 아이를 맡겨 두고 있는 수민 씨, 친정어머니가 출퇴근을 하는 형태로 손주들을 돌봐 주는 윤수 씨와 지수 씨, 친정 또는 시댁 근처에 살면서 '비상사태'가 발생하는 경우 손을 벌리는 화영 씨와 유미 씨까지, 그야말로 딸과 며느리의 사회생활을 지원하기 위한 조부모들의 고군분투는 눈물겨울 정도이다.

지수 씨는 아이 셋을 키우는 워킹맘이다. 큰아들이 유치원에 다녀온 뒤 수영장에 가야 하는데, 집에서 둘째와 셋째를 돌보는 보모는 이 일까지 감당할 수가 없다. 상황이 그러하다 보니 친정어머니가 일주일에 한 번씩, 두 시간 거리의 지수 씨 집에 들러 외손자의 수영 수업을 돕고 있다.

● 엄마가 일주일에 한 번씩 내려오시는 거는 엄마가 그렇게 합의를 해 줘서 그런 거야?

정지수 엄마가 그 정도는 해 줘야겠다고, 본인이 그 정도는 딸내미한테 해 줘야 되겠다, 신경을 써 줘야겠다, 생각을 하시는 거지.

● 엄마 연세가 올해 어떻게 되시는데?
예순다섯.

● 그러면 서울에서 지금 수원까지 차 타고 오시는 거야?
응. 버스 타고 오셔. 강남역에서.

● 너무 힘드시겠는데. 일주일에 한 번이나. 집에서 강남역까지 가셔야 할 테
고, 또 강남역에서 내려오시는 거면 두 시간은 걸리시겠네. 아휴, 어떻게 그 힘
든 일을 자처하셨냐. 후회하거나 하시지는 않아?
아니야. 작년에도 그렇게 하셨어. 2년째 해 주고 계시지.

● 엄마가 굉장히 지원을 많이 해 주시는 편이네.
그런 거야? 우리 엄마 아무것도 안 해 주는데. 난 그렇게 생각하는데.
친구들이나 직장 사람들 봐. 그 정도 도움 안 받는 사람들 없지 않나.

● 일주일에 한 번씩 꼬박꼬박 오시는 거면 엄청 지원해 주시는 거지. 그것도
시 경계를 넘어서 오시는 건데.
하하, 알았어.

● 비용은?

뭐, 내가 내키면 엄마한테 용돈을 좀 드리고. 그냥 뭐, 남편하고 합의
해서 드리는 용돈도 있고, 합의 없이 드리는 푼돈도 있고 그래.

지수 씨는 친정어머니의 노고를 잘 알고 있지만, 본인보다 더 많
은 도움을 친정어머니로부터 받는 친구나 직장 동료들과의 비교에
서 자유롭지 못했다. 하지만 친정어머니의 입장에서 보자면, 아이 셋
을 키우며 일까지 하고 있는 딸의 현실을 외면하기가 어려워 두 눈
질끈 감고 딸을 돕기로 결심한 것일 테다. 하여 일주일에 한 번씩이
라도 멀리 사는 딸의 집까지 장장 왕복 네 시간의 외출을 감행하는
것이다.

과거에 비해 조부모의 교육 수준이나 경제적인 지위가 상당히
높아짐에 따라, 손주를 돌보는 조부모와 딸 또는 조부모와 며느리의
관계에 알게 모르게 긴장감이 조성되기도 한다. 특히 손주의 조기 교
육에 대해 아이 엄마와 가치관이 다른 경우, 서로의 힘겨루기도 종종
관찰된다. 과거의 조부모들은 어린 손주의 먹거리나 안전을 위주로
신경 써서 돌봐 주었다면, 젊고 교육 수준이 높은 조부모, 특히 본인
이 자녀를 좋은 학교에 보낸 경험이 있는 조부모는 자신의 방식으로
손주의 교육에 영향력을 행사하고 싶어 한다. 반면, 젊은 엄마는 스
스로 획득한 경험과 지식, 또래 엄마들끼리 나누는 정보 등에 기대어

자녀를 기르고자 한다. 사정이 이러하다 보니 부모-자녀 간의 세대 갈등으로 문제가 비화되는 경우도 있다. 아무래도 친정어머니보다는 시어머니와의 관계에서 이러한 갈등이 잦다.

미진 씨는 갑자기 지방 근무를 하게 되면서 아이를 시댁에 맡긴 적이 있는데 그 6개월간 아이의 생활 지도 문제, 영어 유치원 보내는 문제 때문에 시어머니와 대립각을 세웠다고 했다. 시어머니는 지인들의 손주들이 대개 영어 유치원에 다니고 있는데 정작 자신의 손자는 다니지 않는 것에 대해 불만스러워한 것이다. 미진 씨는 "엄마가 신경을 쓰지 않아 그렇다"는 시어머니의 평가에 마음 상했던 일화를 들려주었다.

● 시어머니가 자기가 했던 방식이랄까? '내가 이랬더니 잘 되더라'라는 걸 강요거나 권유하거나 그래요?

양미진 그런 식으로 이야기는 안 하지만 은연중에 내가 너무 애한테 무르게 한다는 식으로 이야기한 적도 한 번 있고. 애는 무섭게 해야 돼, 뭐 이런 이야기. 애들은 무섭게 키워야 된다, 이런 이야기 몇 번 했었어요. 최근은 아니고 애가 한 6살 정도 때. 1, 2년 전, 몇 번을 반복해서 이야기한 적 있었어요. 화낼 땐 무섭게 화내야 돼, 무섭게 키워야 된다고.

● 그럼 뭐라고 대답했어요?

그러면 나는 거기 동의 안 하니까 그래서 하여간에, 뭐라고 했어요. 뭐라고 했더라? 요새는 뭐 그렇게 안 해도 돼요, 이랬나? 그런 식으로 이야기했던 것 같아요. 사랑으로도 얼마든지 할 수 있다, 이런 식으로 이야기했던 것 같고. 내가 기본적으로 자아도 강하고 애를 뭐 제대로 못 하고 이러지 않는 걸 스스로 아니까. 그런 식으로 간섭하는 식의 이야기는 이제 안 하시고. 그때 몇 번 무섭게 하라, 이런 이야기만 몇 번 했고, 애가 공부를 너무 하루 종일, 문제집 하나도 안 풀고 있으면 그런 걸 이야기를 몇 번 했었어요. 애가 책을 한동안 혼자서 보다가 한동안 그냥 안 볼 때가 있었어요. 시댁에 있는 동안. TV 보려 하고 게임 하려고 하고. 게임도 보드게임 이런 거 좋아하거든요. TV나 게임 하려고 하면, 책을 봐야 되는데, 이런 이야기를 하시고. 문제집 같은 것도 하나도 안 풀면 공부는 하나도 안 하냐, 이런 이야기 몇 번 해서. 난 그런 이야기 들으면 가만히 못 있어요. 들으면 머리에 딱 박혀요. 그런 이야기가 다시 안 나오게, 그런 이야기 들으면 너무 애가 놀았나, 이런 생각도 하게 되면서 그때부터 문제집을 이틀에 세 번씩 20분씩 풀게, 생활 계획표 짜 주고 그런 식으로 했죠. 그런 식으로 이야기한 적은 있었고.

그다음에 영어 유치원 같은 데 내가 안 보내는 데에 대해서 너무 신경 안 쓰는 것 같다고 이야기했다는 거야. 누구는 어디 보내고 누구는 차를 태워 어디 보내고, 할머니 손자들 얘기 나오면 엄마가 30분 차 태워서 어디 영어 보내고 이런 이야기를 간혹 하시더라고요. 저는 영어 유치원 전혀 보낼 생각 없었기에. 시혀 있을 때 어머니가 그런 말을 하면서, 쟤는 너무 신경 안 쓰는 것 아니냐, 그런 식으로 이야기를 했어. 기분이 나빴지, 사실은. 그런데 나한테 막 직접적으로 그런 건 아니고. 초반에 그런 뉘앙스로 이야기한 적 있었던 것 같아요. 얘는 영어 안 시키냐? 나중에 윤선생 몇 달 보냈다 했잖아요, 막판에. 그랬더니 "어, 거봐라! 조금만 보내도 저렇게 하는데." 이러면서 "진작부터 보내지 그랬냐?" 이런 식으로 이야기한 적 있어요.

미진 씨가 초등학교 입학을 앞둔 아들을 지방으로 데리고 내려가면서 고부간의 육아 갈등은 해소되었다. 이 같은 갈등이 단기간 동안의 해프닝으로 끝난 것은 미진 씨에게 매우 다행한 일이다.

그런데 미진 씨와 달리 계속해서 조부모의 도움을 받아야 한다면? 내가 자녀를 양육하는 모습을 늘 조부모에게 노출해야 한다면? 많은 엄마들과 조부모들 간에 발생하는 긴장을 피하지 못할 것이다. 앞서 말했듯이, 잘난 딸 또는 며느리를 돕기 위해 귀한 시간과 정력을 투자하는 할머니들 입장에서는 자신의 경험과 지혜를 몰라주는 자식이 야속할 것이다. 그에 반해, 배울 만큼 배웠고 내 할 몫 찾아 잘하고 있다는 엄마 입장에서는 할머니의 육아론이 달갑지 않을 것이다.

여러 서울대 엄마들이 지금 이 순간 현재 진행형으로 계속되고 있는 조부모와의 갈등을 토로했다. 시부모님과 함께 사는 현승 씨는 본인이나 자녀에 대해서 확실한 마스터플랜을 짜고 이를 성취하는 것을 추구한다. 하지만 육아나 교육에 대한 자신의 확고한 철칙을 시부모님에게 이해받지 못하는 것 같다고 이야기하고 있다. 바쁜 사회생활 때문에 미처 아이의 방과 후 프로그램에까지 신경 쓸 여력이 없는 이정 씨는 시어머니로부터 지청구를 듣는다고 한다.

옥현승 저는 엄마라면 멘토가 될 사람이라고 생각해요. 그래서 따뜻하게 보듬어 주는 것도 중요하지만, 정말 어려울 때 말 한마디로 도와줄 수 있는 사람. 그게 엄마인 것 같아요. 물론 그렇게 하려면 거리를 어느 정도 둬야 하기 때문에 살가운 애정 표현은 덜 하게 돼요. 딸아이만 해도 엄마한테 안겨서 막 어리광을 부린다든가 하는 거는 전혀 없었어요. 둘째도 아직은 없어요. 저보다는 오히려 할머니를 더 따르죠. 그것도 좋은 것 같아요. 그동안 엄마는 엄마 할 일 하고, 엄마도 좀 쉬고. 언젠가 제 도움이 필요할 때가 있는 거잖아요. 큰애는 지금인 것 같고. 그래서 큰애 같은 경우는 제가 운동을 시키면서 놀아 주는 거죠. 예를 들어 수영장을 가서 수영하면서 코치해 준다든가, 물에 던져 준다든가 하는 식이죠. 저는 그런 식으로 몸으로 놀아 주지, 일부러

예쁘다고 껴안고 그러지는 않아요. 그러다 보니 어른들께서는 제가 애정 표현을 하는 방법이 엄마 같지 않다 그러시더라고요. 엄마는 무조건 따뜻하고, 항상 애를 보면 껴안아 주고 이래야 되는데, 저는 굉장히 목적의식을 가지고 하는 것 같다고 그러시더라고요. 시어머니, 시아버님이 다 그러세요. 엄마 같은 따뜻함이 저한테는 없대요.

심이정 시어머니에게 혼났어요. 축구 처음 시작하는 날인데 엄마가 안 간 애는 우리 애밖에 없더라고. 그 반 15명이 몽땅 하는데 아빠가 온 애가 하나, 할머니가 온 애가 우리 애까지 포함해서 둘, 나머지는 모두 엄마가 왔대요. 그런데 축구는 금요일 저녁에 하거든요. 전 모든 약속을 금요일 저녁으로 하는 편이라. 어쩔 수 없죠.

현승 씨와 이정 씨의 경우에서 볼 수 있는 것처럼, 시부모는 시부모대로 또 며느리는 며느리대로 서로의 의견이나 사는 방식이 다르기 때문에 아이를 어떻게 기를 것이냐를 두고 합의된 의견을 가지기가 어렵다. 이러한 상황이 반복될수록 가족 안에서 갈등이 커지게 된다. 갈등의 골이 깊어지기 전에 타협점을 찾기 위해서는 양쪽 세대 모두의 노력이 필요하다. 바쁜 딸 혹은 며느리를 대신하여 손주를 돌보는 조부모의 노고는 마땅히 높게 평가되어야 한다. 그분들의 도움이 없다면 이 땅의 많은 여성들이 기저귀 가방을 들고 높은 하이힐을 신은 채로 눈물을 찔끔거리며 종종거리는 일이 더 흔했을 것이다. 앞으로도 한동안 조부모들은 우리 사회의 부족한 공적 육아 서비스를 메우는 역할을 자청해 나갈 것이다. 여성들의 사회생활 비중은 더 커질 것이고, 조부모들에게 손 벌리지 않고서 육아를 전담하기란 여전히 쉽지 않기 때문이다.

　우리가 함께 생각해 보아야 하는 것은, 앞으로 조부모들의 모습이 지금과 같지 않을 것이라는 점이다. 이 글을 읽는 당신 스스로를 떠올려 보자. 당신의 교육 수준이나 생활 수준은 그 이전 세대에 비해 훨씬 높아질 것이다. 게다가 '엄마가 매니저를 자청해 키운 자식'들이 다 자라 제 자식들을 키울 때, 그 키우는 방식에 대해 왈가왈부할 가능성 또한 클 것이다. 그렇다면 어떻게 상생할까? 조부모는 조부모로서 그들의 역할이 어디서부터 어디까지라는 것을 자녀 세대와 함께 정립해야 한다. 자신의 가치와 노력이 세대를 통해 전달될 수 있는 귀한 기회라고 스스로의 활동에 의미를 부여해야 한다. 부모의 귀한 시간과 노력을 구하고 있는 자녀들은 항상 감사하고 겸손한 자세로 부모의 노고를 인정해야 한다. 아름다운 황혼을 자녀 세대를 위해 전적으로 희생하는 부모들에게 알량한 돈 봉투로써 도리를 다했다는 마음 자세부터 다잡아야 한다. 그리고 조부모와의 관계 안에서 자녀로서, 그리고 엄마로서의 정체성을 어떻게 지켜 나갈 수 있을까를 치열하게 고민해야 할 것이다.

"자주 되뇌게 돼요.
엄마이기 때문에 어쩔 수 없다는 말을요."

생각 둘

■ 아이의 꿈 = 나의 꿈？

며칠 전, 학부모들과 함께 담소를 나누는 자리였다. 한 아이의 엄마가 "우리 아들은 꿈이 영웅이래요! 이를 어째. 다 큰 아이가 왜 이렇게 뭐를 모를까?" 하고 우려를 담아 말했다. 그러자 바로 다른 엄마가 "걱정하지 마세요. 조금 지나면 바로 의사로 바뀔 거예요."라고 '위로'했다.

나의 딸아이는 돌잡이 때 청진기를 잡았다. 돌잔치에 함께한 지인들을 비롯해 할머니, 할아버지는 기쁨의 환성을 질렀다. 나도 내심 뿌듯했다. '그래, 의사가 되어라. 엄마처럼 박봉의 서러움을 겪지도 말고, 아빠같이 사오정, 오륙도 인생도 비켜 가거라. 너 아니면 안 되는 일을 하면서 네 이름 석 자로 당당하게 살아가거라!' 비록 비정규직으로 일한다 하더라도 돈벌이 걱정이 별로 없는, 그러면서도 가치 있는 삶을 선택할 기회가 상대적으로 풍부한 직업인 의사. 나는 딸아이가 의사가 되기만 한다면 행복의 나라로 가는 열쇠를 쥐게 되는 것이라는 착각에 빠졌던 것이다.

이는 아이가 아닌 나의 욕망이다. 백번 양보해서, 실력이 좋아 희귀한 병을 잘 치료하는 훌륭한 의사가 되겠다는 꿈을 아이의 머릿속에 이식시켜 준다고 하자.

그렇다면 그것은 아이의 꿈인가? 아니면 엄마의 꿈인가? '같은 의사라도 대학병원에서 교수로 일하는 의사와 성형외과를 차려 돈 잘 버는 의사는 품격이 다르지' 하며 상상만으로도 즐거운 딸의 미래를 그려 보는 나는 좀 더 교묘하게 진화한 욕망의 화신인 것이다. 부모들은 공공연하게 아이들의 희망과는 상관없이 자신의 욕망을 아이들에게 투영한다. 공부 잘하는 우리 아이는 처음부터 의사가 되고 싶어 했다고, 판사가 되고 싶어 했다고 믿는다. 나의 욕망과는 별개로 아이가 '신통하게도 그런 꿈을 가지고 있다'고 말한다. 가슴에 손을 얹고 생각해 보자. 아이의 꿈은 아이로부터 왔나? 아니면 내가 주입시킨 것인가?

내가 준 꿈이라면, 최소한 아이가 그 꿈을 현실화하기에 앞서 자신이 원하는 삶의 모습과 꿈이 어느 정도 일치하는지 탐색해 볼 수 있는 기회라도 주어야 하지 않을까? 많이 배운 부모가 무서운 건 바로 이런 지점이다. 가끔 옛 추억을 쫓는 텔레비전 프로그램을 보면, 스타들이 어린 시절 다니던 학교로 찾아가 생활 기록부를 들추어 보는 장면이 나온다. 장래 희망란에는 '부모'의 희망과 '본인'의 희망을 기재하게 되어 있는데, 보통 부모들은 외교관, 대통령, 교사, 공무원처럼 지극히 '부모스러운' 희망 사항을 기재해 둔 것을 볼 수 있다. 딸아이가 초등학교에 입학하자, 학교에서 부모님이 원하는 아이의 장래 희망을 기재하라는 가정통신문이 왔다. 나는 망설이고 또 망설이다가 '아이가 원하고 바라는 일'이라고 써 두었다. 그야말로 교묘하고 약삭빠른 수가 아닐 수 없다. 왜 꼼수를 부릴까? 내 마음속에는 무엇인가 분명한 것이 있는데 말이다.

인터뷰에 참여한 조성아 씨에게서도 비슷한 마음을 읽을 수 있었다. 성아 씨는 딸아이가 무엇이든 만드는 것을 좋아하기 때문에 나중에 커서도 만드는 일을 하지 않을까 싶다고 말했다. 딸아이가 구체적으로 무슨 일을 하며 살았으면 좋겠냐고 묻자, 성아 씨는 자기 손으로 물건을 만들고 그걸 팔아서 돈을 벌 수 있으면 좋겠다고 했다. 그것이 작은 공방이어도 좋겠냐고 묻자, 성아 씨는 난감해했다. 성아 씨가 엄마로서 딸에 대해 구체적으로 가지는 욕망이 무엇인지 재차 묻자, 그녀는 "만들기를 하는 사람이라고 한다면, 작은 공방에서 뭔가를 조몰조몰하고 살아가는 것보다는 미대 교수가 되는 것이 낫겠지요"라고 답했다.

나와 성아 씨는 엄마들이 자식에게 가지는 욕망을 이중적으로 표현하는 것에 관한 이야기를 나누었다. 과거의 부모들은 자식에 대해 솔직한 욕망을 가지고 있었다. '나는 네가 ○○이 되면 좋겠다.' 하는 마음을 자식에게 드러내는 것을 두려워하지 않았다. 특히 돈과 권력이 없는 부모들은 소위 좋은 직업을 가지라고 대놓고 이야기하는 것을 부끄러워하지 않았다. 그 욕망은 '너는 나처럼은 안 살면 좋겠다'는, 그야말로 부모로서 가질 법한 순수한 바람을 담고 있었다. 그래서 생활 기록부에 법관, 대통령, 의사라고, '부모가 뒷바라지할 수 있는 능력'에 상관없이 솔직한 희망 사항을 써 넣을 수 있었다. 하지만 지금의 부모들은 그렇게 '순박하게' 말할 수 없다. 그들은 자신의 부모보다 더 많이 배웠고 실제로 더 많은 것을 알고 있기도 하다. 어떤 부모가 되어야 한다는 책도 너무 많이 보았고, 각종 전문가라는 사람들로부터 '부모라면 이러저러해야 한다'는 가르침도 많이 받았다. 그리고 결정적으로, 내가 원하는 자식으로 만들기 위해서는 내가 먼저 무엇인가를 가져야 한다고 믿는다. 돈과 권력이 재생산된다는 것을 그 누구보다도 잘 알기 때문에 섣불리 "나는 네가 미대 교수가 되었으면 좋겠다"고 말하는 것이 쉽지 않다. "너는 만들기를 좋아하니까 평생 너 좋아하는 일을 하면서 밥도 먹고 살 수 있는 사람이 되면 좋겠다." 정도로 두루뭉술하게 말하고 만다. 나의 진짜 욕망이 아이가 '나를 뛰어넘는 삶'을 사는 것이라는 점에서는 과거의 부모들과 다를 바가 없건만, 그것이 우리 사회에서 갈수록 어려워지고 있다는 사실을 잘 알다 보니 선뜻 말하기 어려운 것이다.

하지만 부모의 욕망은 더 분명해졌다. 확실해졌다. 나처럼 살면 안 되는 것이다! 그러면서 교묘하게 사회의 계층 문제나 '더 큰 가치를 지향하는 방법' 같은 것에 대해 아이에게 수시로 이야기해 주어, 나의 욕망을 마치 아이가 애초부터 가진 욕망인 것처럼 포장해 버린다. 아이가 스스로 욕망한 것인 양 기억하게 한다. 내가 딸아이의 생활 기록부에 쓴 '아이가 원하고 바라는 일'은 이런 식으로 얼마든지 둔갑 가능한 것이다. 진정, 나는 내 아이의 꿈을 제대로 알기를 바라기나 할까? 나는 스스로도 여태껏 찾지 못한 삶의 가치와 의미를 아이를 통해 대신 이루려 하는 '비겁한 욕망'의 화신은 아닐까?

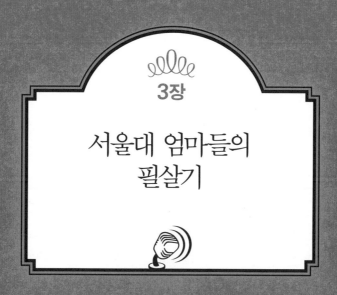

3장

서울대 엄마들의 필살기

무엇을 필살기로
삼을 것인가

송윤수 실제 능력의 차이는 별로 없을 수 있어요. 하지만 적어도 나는 누구나 인정할 만큼 공부를 잘했고, 그래서 서울대에 들어가 봤다는 자신감, 이런 게 있는 것 같아요. 그리고 가정이나 특히 사회에서 어려운 일이 생겼을 때 이런 자신감이 좌우를 많이 하는 것 같아요.

서울대 엄마들에게 가장 큰 자산이 무엇이냐고 물으면 십중팔구는 "자신감"이라는 답이 돌아온다. 자신이 세운 목표를 위해 아낌없이 노력했고 그래서 얻을 수 있었던 타이틀은 그녀들로 하여금 자신의 인생을 책임질 수 있고, 어디에서든 물러서지 않고 버틸 수 있는 힘을 갖게 한 '근거 있는' 자신감을 보상받게 해 주었다. 말하자면,

서울대학교에 들어가면서 그녀들이 했던 '노력'과, 학교의 이름에 걸맞은 사람이 되기 위해 자신을 담금질한 경험이 바로 자신감의 근거라는 것이다.

엄마이기에 혼란스러워하고, 꿈과 엄마 역할 사이에서 방황하는 서울대 엄마들. 하지만 그녀들에게도 자신감과 같은 나름의 자산이 있다. 돈이나 학벌이 아니라, 그녀에게 힘이 되어 주는 어떤 근원 같은 것을 이야기하려는 것이다. 어쩌면 그것은 그녀들의 '필살기'라고 이름 붙일 수도 있겠다.

여기 그녀들이 알려 준 몇 가지 필살기에 대해 소개하고자 한다. 작게는 공부를 잘할 수 있었던 이유를 비롯하여 자녀 교육에서 반드시 지키려고 하는 나름의 원칙에 이르기까지, 그녀들의 필살기를 들어 보자. 단, 이미 서문에서도 밝혔듯이 이 책은 '자녀를 명문대에 보내는 방법'이라든가, '100점 맞는 아이로 키우는 비법'을 알려 주지는 않는다. 나에게는 그런 정보를 알려 줄 능력도 의지도 없다. 인터뷰에 응한 서울대 엄마들도 마찬가지다. 그녀들이 대학을 입학했던 때는 십 수 년 전으로 거슬러 올라가야 한다. 그녀들 자신도 수시로 바뀌는 입시 정책과 제도에 흔들리고 있는 당사자이며, 급변한 교육 환경에 갈피를 잡지 못해 좌불안석인 엄마들이다.

다만 이 책이 전할 수 있는 것이 있다면, 서울대 엄마들이 자라온 과정에서 남과 차별화된 특성은 무엇이었고, 그 차별성이 어떻게 지금의 그녀들을 만들어 내었는가 하는 점이다. 다른 한편으로는, 현재 그녀들이 사는 모습 속에서 남다른 지점이 무엇이 있을까 하는 것이다. 그녀들이 가장 잘할 수 있는 또는 잘하고 있는, 평범한 일상속의 비범한 모습을 전하고자 한다. 이 책을 읽는 독자들은 자신의 취향이나 상황에 맞춰 그녀들의 경험을 수용함으로써 자신만의 필살기에 이르는 길을 찾기를 바란다. 그대, 부모로서 어떠한 필살기를 가질 것인가?

무심한 듯 넉넉한
아버지의 정

입시철만 되면 서울대학교 안에는 시험을 보러 온 자녀 곁에서 노심초사하는 부모들을 어렵지 않게 볼 수 있다. 그리고 그중에는 자못 심각한 표정의 아버지들도 상당수 포함되어 있다. 자녀 양육과 교육에 적극적으로 참여하는 아버지가 아이의 신체 및 정서 발달, 인성, 심지어 학교생활에도 결정적인 영향을 준다는, 이른바 '아버지 효과'에 대한 소개가 최근 매스컴과 각종 서적을 통해 줄을 잇고 있다. 자녀 교육에 혼신을 다하는 열혈 아빠들의 이야기가 낯설지 않을 만큼 우리는 자녀의 성공에 아버지의 기여도가 크다는 사실을 잘 알고 있다. 그렇다면 20여 년 전, 딸자식을 서울대에 보낸 아버지, 그 아버지는 서울대 엄마들에게 어떠한 존재였을까? 인터뷰에 참여한 서울대 엄마들 대부분은 아버지를 비슷하게 묘사하고 있다.

"집안일에 크게 관심을 두지 않으셨어요."

"조용하셨고, 바깥일만 열심히 하셨죠."

"글쎄……. 아버지로부터 딱히 큰 영향을 받은 것 같지는 않아요."

"어머니와는 늘 많은 것을 공유했지만 아버지와의 교류는 기억에 거의 없네요."

당시의 아버지가 딸에게 보여 주는 사랑의 방식이나 관심의 표현은 분명 지금과는 많이 달랐을 것이다. 그녀들에게 아버지는 말없이 과묵한 모습, 자녀의 일이나 집안일에 미주알고주알 관여하지 않는, 늦은 시간에 퇴근하거나 그나마 일찍 오는 날에도 딸이 쉽게 다가가기 어려웠던 존재로 기억된다. 특별한 교감을 나눈 적도 없고, 잔소리를 들어 본 기억도 없다. 하지만 무심한 듯 보여도 알고 보면 깊은 정과 사랑을 주신 분이 아버지였다.

사범대를 나와 번역가로 일하고 있는 선희 씨는 대학 입시 때 아버지가 보여 준 깊은 사랑을 기억 저편 우물에서 길어 내어 들려주었다.

● 대원외고를 진학하고 서울대를 가고, 말하자면 모든 부모가 바랄 만한 그런 딸이었는데, 그런 성취를 이루어 낼 때 부모님이 어떤 반응을 보이셨어요?

윤선희 그냥 엄마는 딱히 별생각 없으셨던 거 같아요. 그리고 아빠도.

아빠는 좋아하긴 하셨겠죠. 그렇게 막 내색은 안 하셨어요. 그런데 나중에 제가 알고서 놀랐던 게 뭐냐면, 대학교 입학했을 때. 그러니까 저는 재수였으니까, 게다가 또 같은 대학 같은 과를 썼으니까. 처음에는 선생님이 안정적으로 지원해라, 그리고 사범대를 가라, 하신 거예요. 그래서 안 떨어질 줄 알았는데 떨어졌어요. 그런데 입시가 바뀌었잖아요, 수능으로. 교과서도 바뀌고 시험 제도도 바뀌고 다 바뀌었어요. 어쨌든 재수를 해서 다시 시험을 봤죠. 처음 시험 봤을 때는 학교에 직접 가서 합격자 발표를 봤었어요. 그런데 재수했을 때는 직접 가서 보지도 않고 전화로만 합격자 확인을 하고 '어! 합격했네.' 그랬어요. 그런데 저희 아버지는 대운동장에 오신 거예요. 오셔서 사진까지 찍으신 거예요. 그 폴라로이드 사진을. 나중에야 알았어요, 그 사실을. 아빠는 정말 뿌듯해하신 것 같아요. 그런데 아빠가 내색하시는 분은 아니셔서. 그리고 뭐랄까? 예를 들어 시험 100점을 받아 왔어요. 그래서 제가 "뭐 해 주세요!" 그렇게 말하면 저희 아빠는 "그게 네 공부고 네가 좋은 거지, 나 좋으라고 하는 거냐?" 그러고서 안 사 주셨어요.

아버지 이야기를 하는 동안 선희 씨의 입가에는 미소가 머금어져 있었다.

보애 씨 기억 속의 아버지도 다르지 않다. 보애 씨에게 친정어머니는 맞벌이하느라, 시부모님 수발들고 가정을 챙기느라 늘 바쁜 모습으로 각인되어 있다. "너는 나처럼 살지 마라", "더 공부해서 혼자서도 충분히 살 수 있는 전문적인 일을 가져라"라는 어머니의 말은 보애 씨에게 늘 자극이 되었다. 몸이 열 개라도 모자랄 정도로 바쁜 어머니 대신, 보애 씨는 어린 동생의 숙제도 봐주고, 장손을 못 낳았다며 노상 엄마를 구박하던 할머니의 비위도 열심히 맞춰 주었다. 이렇게 보애 씨에게 친정어머니가 늘 안타까움의 대상이었다면, 아버지는 말 그대로 '그냥 아버지'였다. 항상 회사 일로 바쁘고, 집안일과 아이들 일에 일절 관여하지 않았던 아버지, 특별히 야단을 치는 일도, 간섭하는 일도 없는 지극히도 무던한 그런 아버지였지만, 아버지가 보여 준 작은 관심은 보애 씨의 삶에 결정적인 영향을 미쳤다.

이보애   그냥 보통의 아버지세요. 가부장적이고, 경상도 남자고, 표현 안 하시고. 그런데 제가 고등학교 들어갈 때, 그러니까 중3 겨울 방학 때 아버지가 하루는 책을 사 가지고 오셨어요. 그런데 책 제목이 『아! 서울대학교』였어요. 서울대학교 들어간 사람들의 합격 수기를 담은 책을 사 가지고 오신 거예요. 집에 오셔서는 별말씀 안 하시고 그냥 책상 위에 책을 놓고 방을 나가셨어요. "한번 읽어 봐라." 한마디만 하시고. 아마 그 책을 읽으면서 서울대학교 꿈을 꿨던 것 같아요. 나도 들어가고 싶다는.

또 한번은 제가 고2 올라가면서 자연계를 갈지 인문계를 갈지 고민하던 때였어요. 그런데 대뜸 아버지가 저보고 "너는 수학도 잘 못하고 과학도 싫어하니까 인문계가 맞는 것 같다"고 하셨어요. 그런데 제 입장에선 아버지가 저에 대해서 아무것도 모르면서 그런 말씀을 하신다고 생각했어요. 더구나 아버지가 권하신 선생이란 직업은 정말로 하기 싫었거든요. 그래서 공부 잘하는 애들은 다 이과 가니까 나도 이과 가겠다고 이야기했지요. 별로 관심도 없으면서 간섭한다고 생각하니까 괜히 더 강하게 반발했던 것 같아요. 그런데 그다음에 저희 집에 《월간 과학동아》가 다달이 오는 거예요. 이과를 간다고 했으니 그걸 보면서 뭘 하고 싶은지 생각해 보라고 하시면서. 그러니까 그 당시 저는 잔소리나 간섭 이런 거 전혀 없으신데 나에게 관심은 많으셨구나, 그런 생각을 처음으로 한 것 같아요.

보애 씨는 항상 익숙했던 어머니의 관심보다 갑작스럽게 알게 된 아버지의 관심에 더 큰 감동을 받았다고 회상했다. 그러면서 아버지가 사 준 책이나 잡지가 지금의 자신을 만들었구나, 하는 생각이 인터뷰를 하면서 비로소 든다고 말했다.

의학박사인 효주 씨도 비슷한 경험을 이야기하고 있다. 효주 씨도 다른 서울대 엄마들처럼 부모님의 특별한 지원이나 간섭 없이 스스로 진로를 정하고 공부했다고 한다. 공부하라는 잔소리 한 번 없었던 어머니도 물론 고맙지만, 딸의 생각과 결정을 따라 주고 믿어 주었던 아버지에게 참 고마운 마음이 든다며 그때를 회상했다.

> **전효주** 아버지는 정말로 제 교육에 있어서는 엄마보다도 더 관심을
> 보이지 않았고 터치하지 않으셨어요. 그런데 그런 거는 있으셨어요.
> 제가 시험을 잘 보고 오거나 공부를 잘하면 정말 좋아하셨어요. 그래
> 서 아빠가 좋아하시는 모습을 보고 '아빠가 저렇게 좋아하시니까 공
> 부를 더 잘해야겠다.' 이런 생각을 많이 했던 것 같아요. 왜 은근히 친
> 구들에게 자랑도 하시고. 엄마가 좋아하는 거는 당연한데 아빠가 좋
> 아하시니까 그런 게 제 마음에 좋았던 것 같아요

특별한 관여나 참여는 없었지만, 똑똑한 딸을 둔 부모로서의 자
부심을 은근히 드러내는 분이 아버지였다. 적극적인 내색은 하지 않
았지만, 딸이 좋은 성적을 받아 오면 가장 크게 웃고 좋아하셨던 모
습으로 그녀들은 아버지를 기억하고 있었다.

영랑 씨의 기억 속에 남아 있는 아버지에 대한 에피소드는 딸에
게 좋은 아버지란 과연 어떠한 모습일까를 생각해 보게 한다. 영랑
씨는 미술을 전공한 부모님의 둘째 딸로 태어났다. 부모님 두 분 모
두가 워낙 바쁜 관계로, 어려서부터 뭐든 혼자 알아서 스스로를 챙
기는 법을 일찌감치 깨달은 철든 딸이었다. 영랑 씨는 혼자서 계획하
고, 공부하고, 결정하는 일에 익숙했다고 한다. 일반적으로 예술 중

학교, 예술 고등학교를 거쳐 서울대 미대를 들어가던 당시의 관례를 깨고, 영랑 씨는 유일하게 지방 소도시의 일반 고등학교 출신으로 서울대 미대에 입학한 "독특하고 유일한 존재"였다고 한다. 그 덕분일까? 불혹의 나이에도 "여전히 미술은 즐거움이죠"라고 말하는 영랑 씨. 어릴 때 자신에게 가장 힘이 되었던 상황은 무엇인가, 라는 질문을 던졌을 때 영랑 씨에게서 이런 대답이 돌아왔다.

김영랑 저희 집은 제가 초등학교 올라가면서 전주 시골집으로 이사를 했어요. 아버지가 시외 마당 넓은 집을 장만하신 거지요. 그 옆에는 시골 초등학교가 있는데 한 반밖에 없는 학교였어요. 제가 거기를 다녔어요. 그러다가 전주 시내 중학교를 갔죠. 이제 시골에서 그래도 시내 중학교에 들어가면서 처음에는 성적이 별로 안 좋았던 거 같아요. 그래도 잘해야겠다는 생각을 해서 노력을 했고 그 이후 성적이 쭉쭉 올라갔는데, 전교 몇 등 안에 드는 정도 했을 거예요. 그런데 한번은 시험을 되게 못 봤어요. 그게 반에서 한 5, 6등 할 정도로 시험을 못 본 거예요. 그래서 저는 되게 못 봤다고 걱정하고 낙담해 있는데 아버지가 제 성적표를 보셨어요. 평소 제가 성적표를 가져와도 별말씀 없으셨는데, 하필이면 시험을 망치고 나서 받은 성적표를 보신 후에 하시는 말씀이 "야! 너 이렇게 공부 잘해? 와! 5, 6등이면 대단한데." 그러시는 거예요.

● 전교에서 1등도 하고 그랬다면서요. 혹시 아버지가 반에서 5, 6등 한 걸 비꼬며 말씀하신 것은 아니고요?

아니에요. 아버지는 그전에 제가 1등 했다 이런 거 신경 안 쓰셨어요. 성적표도 보셨나? 잘 모르겠어요. 제가 1등 하는지도 아마 모르고 계셨을 거예요. 제 공부에 대해서는 터치하지 않았고, 잘했다 그런 말도 없으셨어요. 그런데 제 성적이 안 좋은 것을 보면서 그날따라 아버지가 "너는 참 잘하는 거다. 반에서 중간 넘으면 진짜 잘하는 거야." 이렇게 말씀하시는 거예요. 그래서 아버지 보면서 기운이 났던 게 기억나요. '아! 내가 이 정도만 했는데도 아버지가 칭찬해 주시는구나.' 정말 마음이 편안했던 것 같아요. 성적표를 받고 계속 속상하고 우울했는데. 어쨌거나 지금 생각해 보면, 아버지는 참 넉넉하셨던 거 같아요. 그때 이후로 제가 다시 공부해서 그다음에는 성적이 계속 좋았어요.

결국 영랑 씨는 서울대를 졸업한 아버지와 대학 동문이 되었다. 현재 초등학생인 두 아이를 키우면서 박사 논문을 쓰고 있는 영랑 씨는 꾸준히 작품 전시회를 하는 유명 작가이면서, 대학교에 출강하느라 몸이 열 개라도 모자랄 만큼 맹렬하게 살아가는 슈퍼맘이다. 영랑 씨의 미대 동기나 선후배들은 어릴 때부터 과외와 학원을 통해 질리도록 미술을 해 온 경우가 대부분이다. 그러다 보니 미술을 단지 진학이나 직업 마련을 위한 수단으로 여기는 이들도 많다고 한다.

그들과 달리 영랑 씨는 미술이 여전히 삶의 기쁨이라고 표현할 만큼 자신의 일을 사랑하고 있었다. 자신을 위한 즐거움을 아는 영랑 씨는 "전 애들을 잡초처럼 키워요"라고 표현했다. 영랑 씨의 긍정적인 에너지는 자녀들에게도 좋은 영향을 줄 것이 분명하다. 그리고 영랑 씨가 편안하게 아이를 키울 수 있는 데는 학창 시절 아버지가 보여 준, 무심한 듯 넉넉하게 딸을 포용하는 마음 씀씀이가 그녀 인생에 녹아들었기 때문일 것이다.

이렇듯 그녀들에게 필살기가 되어 준 아버지. 다그침이나 재촉 없이 묵묵히 딸을 믿어 주고 뭉근한 정을 느끼게 해 준 아버지였기에 딸의 인생에서 필살기로 남을 수 있었던 것이 아닐까? 아이가 가장 필요로 하는 것은 믿음 그 자체인지도 모른다.

좋은 선생님이
좋은 엄마를 이긴다

아이를 올바르게 키우고 성장시키는 데 부모의 영향이 그 무엇보다 중요하다는 점은 수많은 연구 결과와 교육서를 통해 입증된 사실이다. 그러나 이러한 주장에 무조건 고개를 끄덕이기에 앞서, 부모라는 존재가 아이의 생애 전 단계에 걸쳐 절대적인 영향을 미치는지에 대해 우선 질문을 던져 볼 필요가 있다. 다시 말하면, 부모의 영향력이 자녀 발달에 중요한 요인이긴 하지만 그렇다고 부모가 아이의 발달 전체를 책임져야 한다는 요구는 무리라는 것이다. 아이가 어떤 상황에 있는가, 즉 아이의 기질이나 연령, 주변 환경 등의 영향 또한 아이가 성장할수록 그 중요성이 더욱 커지기 때문이다. 우리들은 모두 사춘기를 겪었다. 그러면서 부모님보다 또래의 평판이 더 강한 힘을 발휘한다는 것을 몸소 경험했다. 학창 시절 선생님으로부터 들은 말 한마디가 부모님의 열 마디보다 더 큰 자극이 되는 것을 경험한 사람도 분명 있을 것이다. 그런데도 우리 사회는 아이의 인생에서 부모의 영향만을 과도하게 강조하고 있는 듯하다. 하지만 서울대 엄마들과 이야기를 나누면서 나는 그녀들이 삶에 결정적인 영향을 준 사람으로 '선생님'을 자주 언급한다는 공통점을 알아챘다.

사범대를 졸업한 이정 씨는 자신이 공부에 흥미를 가지고 서울대학교를 목표로 삼게 된 것의 가장 큰 배경에는 그녀의 능력을 믿어 주고 목표를 심어 준 선생님이 있었노라고 했다. 스스로를 "고집이 세고 싸가지 없는 딸"이라고 표현할 만큼 자아가 강한 이정 씨이지만, 선생님들이 보여 준 믿음과 칭찬을 통해 "나는 꽤 괜찮은 사람이지"라는 자부심을 가질 수 있었다.

심이정 초등학교 때부터 학교 선생님들이 저를 많이 예뻐해 주셨어요. 초등학교 1학년 때로 기억하는데, 첫날 선생님께서 내 주신 질문에 제가 손을 들고 답을 했는데 선생님이 똑똑하게 발표를 잘했다고 무척 큰 칭찬을 해 주셨어요. 그날 이후 선생님께 칭찬받고 인정받는 것을 좋아했던 것 같아요. 특히 5학년 때 담임 선생님이 저를 유독 예뻐해 주셨어요. 선생님이 어떤 대회든 저보고 나가 보라고 하시는 거예요. 심지어 단옷날 그네뛰기 대회, 구연동화 대회같이 제가 한 번도 해 본 적이 없는 것까지도 저에게 해 보라고 권해 주셨어요. 너 한 번 해 봐라, 넌 나가면 꼭 잘할 거다, 넌 할 수 있다, 이런 이야기를 해 주셨다니까요. 저를 이렇게 믿어 주시는 선생님이 있으니까 더 열심히 노력해서 상도 받고 그랬던 것 같아요. (중략) 제가 서울대학교를 목표로 정하게 된 것도 고등학교 때 국어 선생님 덕분이었던 것 같네요. 당시 인기가 많았던 남자 선생님이셨는데, 한번은 "너 참 똑똑하구나. 너 꼭 내 후배 되라." 그런 말씀을 해 주셨어요. 선생님이 서울대 국문과 출신이셨는데 선생님께서 아이들을 서울대로 데리고 와서 같이 한 바퀴 돌아 주셨어요. 그래서 제가 꼭 선생님 후배가 되어야겠다고 마음을 먹게 된 것 같아요.

아이를 기르면서 선생님의 영향력을 또다시 경험하게 되었다는 서울대 엄마들도 있었다. 최근 지영 씨는 딸의 선생님을 통해 선생님의 관심 있는 말 한마디가 아이의 인성이나 학습 습관, 태도에도 긍정적인 변화를 준다는 것을 몸소 경험했다고 한다. 지영 씨는 큰딸이 어떤 분야든 본인이 정한 일정한 선까지만 도달하면 그것으로 만족하는 데 대해 내심 아쉬움이 컸다. 지영 씨는 자라면서 항상 1등을 도맡아 하고 주목받아 왔는데, 딸이 자신의 유년 시절과 너무 달라 늘 불만이었다. 그러던 어느 날 딸아이가 상기된 표정으로 집에 돌아와, 다음번 그리기 대회에서는 좀 더 분발하겠다고 이야기했다. 처음

보는 아이의 모습에 지영 씨는 의아해했는데 알고 보니 선생님 덕분이었던 것이다.

김지영 큰아이가 미술을 하는데 좀 꼼꼼하지 못하고 느려요. 제가 그런 부분에 대해서 네가 꼼꼼하게 하는 것도 중요하지만 주어진 시간 안에 하는 것도 중요하다고 몇 번 이야기했는데도 별로 나아지지가 않았어요. 물론 지금은 시간 안에 하려고 노력은 하는데 완성도 면에서 좀 떨어지는 것도 있고. 그런데 과학의 달에는 캐릭터 그리기 대회를 하거든요. 작년에도 과학의 달 그리기 대회에서 한 반에 두세 명 받는 우수상 이런 거를 받아 왔어요. 이번에도 우수상을 받아 왔더라고요. 그래서 '매번 그렇구나.' 그렇게 생각했는데 이번엔 걔가 하는 이야기가, 선생님이 상을 주면서 "눈만 있었으면 최우수상인데." 이렇게 말씀하셨다는 거예요. 그전까지는 애가 뭐 "우수상도 정말 대단한 거야." 자기 딴에는 우수상도 잘했다고 했는데, 선생님의 딱 그 한 마디, "눈만 그렸으면 네가 최우수상이 될 수 있었는데." 하는 이야기를 듣고는 '아쉽다!' 이런 느낌을 아이가 받은 거예요. '아! 다음에는 꼭 그렇게 표현을 해야지.' 그러는 거죠. 그동안 제가 봐 온 바로는 걔가 낮은 단계에서 성취감을 느끼는 편이에요. 목표를 높게 잡지도 않고, 쉽게 달성하고 그걸로 되었다, 그렇게. 그랬는데 선생님의 한마디가 아이의 목표를 한 단계 올려 준 거죠.

    지영 씨는 엄마인 자신이 아무리 달래고 설득해도 변하지 않던 딸아이의 태도가 선생님의 한마디에 달라지는 것을 보면서 교사의 중요성을 새삼 다시 한 번 생각해 보게 되었다. 지영 씨 자신의 학창 시절을 되돌아보아도, 구체적인 목표나 목적 없이 공부하던 자신에게 부모님보다는 선생님의 관심이 더 크게 다가왔다고 한다. 등수에 연연하지 않았던 지영 씨와 달리, 선생님은 매번 시험 성적을 챙기면서 "너는 이번에 왜 전교 3등밖에 못했냐? 1등 할 수 있는데. 다음에는 꼭 1등 해라." 하는 식의 주문을 했다. 지영 씨는 스트레스를 받으면서도 선생님의 파이팅에 힘을 얻을 수 있었다. 아마 부모님이 동일한 강도의 스트레스를 주었다면 질식할 수도 있었겠지만, 선생님의 독려는 용기와 힘을 북돋아 주는 강장제 같았다는 것이다. 이런 것이 바로 교육 전문가만이 가지는 특별한 힘이 아닐까?

    그녀들의 기억 속의 선생님은 구체적인 삶의 목표를 심어 주기도 하고, 학습 동기를 북돋아 주기도 했다. 또 인정받는 기쁨을 알게 해 주었고, 무엇에든 도전해야겠다는 의지를 마음에 새기는 데 도움을 주었다. 어쩌면 어머니로부터 수백 번 잔소리를 듣는다 해도 실천되지 않던 것들이 선생님의 작은 관심이나 칭찬으로 한순간에 바뀔 수 있는 것이다. 한창 자신의 정체성 파악에 여념이 없는 아이들에게 선생님의 구체적인 인정과 기대는 가족으로부터 받는 칭찬보다 몇 배나 더 큰, 천군만마와 같은 힘으로 작용할 수 있다.

내게도 기억에 남는 선생님이 있다. 고등학교 1학년 때 수학 선생님께서 "어라, 이런 생각을 다 할 줄 알고. 너 제법 똘똘하구나!"라고 말씀하신 것이 마음에 깊게 남아, 나는 수학책을 노상 끼고 살았다. 그 '사건'이 계기가 되어 그때부터 '난 제법 똘똘한 아이야'라고 자기 최면을 걸었다. 그것이 이후의 인생에까지 긍정적인 영향을 주었음은 물론이다.

흔히들 부모의 영향, 특히 엄마의 노력이 아이의 인생을 바꿀 수 있다고 강조한다. 물론 틀린 말은 아니지만 꼭 고려해야 할 부분이 있다. 아이란 존재는 영향을 받기만 하는 수동적인 대상이 아니라는 점이다. 아이의 삶에 영향을 미치는 요인들은 아이가 성장함에 따라 어른들이 상상하는 것 이상으로 많아지며, 아이 역시 능동적으로 그 영향을 조절하는 힘이 있다. 또한 공부 잘하는 아이, 일찍 자신의 목표를 정하고 매진하는 아이일수록 의미 있는 선생님이 곁에 있었다는 것도 주목할 부분이다. 서울대 엄마들이 바로 그 증거이다. 선생님! 때로는 부모보다 아이들에게 더 큰 영향을 주는 존재이다.

책 읽기에
마음을 뺏긴 아이

'책은 마음의 양식이다'라는 진부한 표현을 굳이 들먹이지 않더라도, 책은 인간을 성장시키는 가장 중요한 수단 중 하나이다. 서울대 엄마들의 어린 시절 특징 중 하나는 바로 책을 늘 가까이 했다는 점이다. 책에 마음을 온통 뺏긴 딸들에게 엄마는 방해꾼이었을 정도였다고 한다. 의사인 민경 씨는 어릴 적에 책을 읽다 보면 너무 깊이 집중한 나머지 어머니가 부르는 소리를 듣지 못할 정도였다고 한다. 어머니는 딸이 못 들은 척한다고 생각해 야단을 쳤는데, 민경 씨는 지금 생각해도 야단맞을 일이 아니었는데 하는 억울한 마음이 든다며 웃었다. 민경 씨는 유년 시절의 기억이 강하게 남아 있기 때문에 "우리 딸이 책을 읽느라 내가 부르는 소리를 듣지 못해도 무조건 이해해 줄 거예요"라고 이야기했다. 성아 씨의 경우도 유년 시절의 자신을 '독서하는 아이'로 묘사했다. 불 끄고 자라는 어머니의 성화에 일단 불은 껐지만, 이불 안에 스탠드를 들고 들어가 마저 읽다가 잠이 들 정도로 책 읽기를 좋아했다고 한다.

사교육에 대한 지원은 못 해 줘도, 집에서 책을 읽을 수 있는 분위기를 마련해 주었다는 부모님도 있었다. 그녀들이 유년 시절을 보낸 80년대에는 어린이가 읽을 만한 책이 지금처럼 흔치 않았는데, 그러한 상황에서도 윤수 씨의 부모님은 집에서도 충분히 독서할 수 있는 여건을 조성해 주었다.

송윤수 엄마가 책 같은 건 잘 사 주셨어요. 사실 그때도 우리가 뭐 사 달라고 한 건 아닌 것 같고 그냥 엄마가 알아서. 그맘때 볼 책들 정도는 딱딱 있었어요. 책은 정말 어렸을 때부터 기억에 있죠. 언니가 있으니까. 언니가 책을 정말 좋아하고, 그래서 항상 책은 좀 있었던 것 같아요. 저는 그걸 다 보지도 않았거든요, 사실. 그래도 집에 당연히 책이 있고, 뽑아 보고 하는 게 굉장히 익숙했어요.

어린 시절부터 이어진 독서 습관은 본격적인 공부가 시작되는 중고등학교, 그리고 이후의 학업과 사회생활, 인간관계에까지도 영향을 준다는 것이 서울대 엄마들의 전언이다. 변리사인 보애 씨는 어

려서는 평범했던 자신이 지금의 위치까지 올 수 있었던 승부 근성의
근원지를 '책에 빠지는 능력'이라고 표현했다.

● 어려서부터 공부를 아주 잘했죠?

이보애 아니요. 초등학교 때 공부는 그냥 보통보다 조금 나은 정도?
엄마나 아빠가 전혀 제 공부에 신경 쓸 여력이 없어서서 나 혼자 공부
했거든요. 그런데 올라갈수록 성적이 좋아졌어요. 중학교 때에는 반
에서 3, 4등, 고등학교 때는 반에서 1등, 고3에 올라가면서 전교 1등
으로 쭉 갔어요.

● 어떻게 그렇게 올라 갈 수 있었나요?

글쎄요. 제가 승부욕이 강했던 것 같아요. 그리고 어쩌면 그건 제가
어릴 때부터 책을 정말 많이 읽었는데 거기서 나온 것은 아닐까 싶네
요. 어렸을 때 엄마는 일하러 나가서 없고 동생과 단둘이 집에 있는
데, 별로 할 게 없잖아요. 그런데 부모님이 바쁜 대신에 책을 엄청 많
이 사 주셨어요. 뭐 공부하는 것도 아니고 학원 다니는 것도 아니기
때문에 전 매일 책을 읽었어요. 그냥 푹 빠져서 살았던 것 같아요.

그런데 제가 중학교에 올라가게 되면서 그런 게 도움이 되었던 것 같
아요. 아이들이 넌 도대체 모르는 게 왜 없냐고 하더라고요. 척척박사,
만물박사라고 저를 불렀어요. 지금 생각해 보면 전 쓸데없는 소설책

도 많이 읽었거든요. 그러면 그 안에는 사람의 심리라든지 그 모든 게 다 있잖아요. 사회생활도 다 사람이 하는 일이고, 다른 사람의 마음을 이해할 수 있다거나, 이런 상황에 처하면 난 어떻게 했을까, 저런 상황에 처하면 난 어떤 결정을 했을까, 그런 것이 결국 저라는 아이는 뭐든 잘 아는 아이라는 인식을 심어 주었던 것 같아요.

그런데요, 어릴 때 책을 통해 얻는 것, 뭐 예를 들면 인간관계나 상황을 이해하고 문화를 알게 되는 것이 지금 제가 하는 일에도 도움이 되고 있어요. 저 같은 경우에는 지금 외국 브랜드 일을 맡고 있는데, 이런 경우 외국 문화나 사고방식 그런 걸 좀 많이 이해하는 데 독서가 도움이 많이 되는 것 같아요. 물론 지금 하는 회사 생활에서의 인간관계에도 도움이 되고요.

전문 직종에 종사하면서 변화하는 세상의 도전을 끊임없이 받는 보애 씨. 이러한 도전을 받아들일 수 있는 힘의 밑바탕에는 어린 시절부터 지금까지 이어지고 있는 '책 읽기'가 있다는 것이 그녀의 설명이다.

이처럼 서울대 엄마들 대부분은 '책에 빠진 경험'을 가지고 있었다. 그리고 이런 독서의 힘을 입증한 그녀들이 가장 중점을 두고 있는 자녀 교육도 바로 아이가 책을 읽는 즐거움을 깨치도록 하는 것이었다. 그녀들은 입을 모아 "문제집 한두 권 더 푸는 것보다 차라리 책을 읽도록 아이들에게 강조한다"고 했다.

인터뷰 내내 야무지고 당찬 엄마이자 교육자의 모습을 보여 준 수민 씨에게도 책은 특별한 의미를 가지고 있었다.

황수민 저는 어렸을 때부터 집에 책이 별로 없긴 했어요. 그렇지만 위인전, 역사책을 보면서 굉장히 재미있었어요. 왜 재미있냐면, 내가 사는 세상은 좁잖아요. 맨날 노는 애들 똑같고, 고무줄놀이 하고. 그런데 위인전을 읽으면 내가 모르는 넓은 세계로 날 데려다 준다는 거죠. 그러니까 예를 들어 귀향을 가거나 왕실 정치 이런 내용들 보면 아, 이런 중앙 정치가 있다는 거랑 권력 투쟁이 있다는 거, 이런 게 나는 너무 흥미로운 거예요. 저는 책을 읽으면서 아, 나도 저런 넓은 데 그리고 중요한 데 가야겠다, 이런 생각을 했었던 것 같아요. 또 중학교 올라갔는데 책에 사회랑 세계사 나오잖아요. 전 제가 사는 동네 밖 세상은 잘 모르는데, 한국 지리를 배우면 전국에 있는 온갖 특산물 같은 거 배우는 게 너무 재미있는 거예요. 내 시야가 뭔가 확장되는 걸 느낄 수 있었어요. 내가 지금은 비록 여행을 못 하지만 나는 너를 알게 되어서 참 기쁘다, 뭐 이런 식이였어요. 덕분에 공부도 잘할 수 있었던 것 같고요.

수민 씨가 책을 통해 얻은 것은 지식만이 아니다. 공부에 대한 흥미도 얻었고, 자신이 사는 곳을 벗어나면 더 넓은 세상이 있다는 것도 깨닫게 되었다.

독서는 이미 교육서마다 강조하는 덕목이다. 집중력이 길러지고 동기 부여가 되며 이해와 사고의 폭이 확장되는 등 긍정적 효과뿐만 아니라, 시험을 잘 본다, 논술 대비가 된다, 글을 잘 쓴다 등 개인적인 학습 효과에도 큰 도움이 된다고 이야기한다. 얼핏 보면 독서를 강조하는 것은 참 뻔하고 손쉬운 교육 방법일지도 모른다. 그러나 많은 엄마들이 자녀가 어릴 때는 독서를 적극 장려하다가도 학업 부담이 커지는 고학년 시기에 이르면 다른 학습 활동들보다 독서 활동을 후순위로 밀어내는 데 주도적인 역할을 하고 있다. 책 읽기에 몰두해 있는 아이에게 '문제지는 다 풀었니?', '학원 숙제는 다 했어?' 하며 채근하는 것이 엄마들의 흔한 모습이다. 엄마 자신은 자각하지도 못한 채 아이의 독서를 방해하는 꼴이다.

모르긴 해도 서울대 엄마들이 보여 준 가장 확실한 필살기 중 하나는 바로 책에 빠질 수 있는 힘, 책 읽는 즐거움을 아는 능력임은 부인할 수 없는 사실이다.

부모는 부지깽이
– 스스로 마음의 별을 찾은 아이들

인터뷰에 참여한 서울대 엄마 가운데, 누가 시켜서 특히 부모의 강요나 지나친 개입에 따라 공부를 했다고 이야기한 경우는 아주 드물었다. 대개는 스스로, 내적인 동기에 의해 자발적으로 공부했다고 말했다. 외부의 자극이 있었다 해도 부모보다는, 형제자매나 학교 선생님, 상급 학교에 진학한 선배 등을 보면서 학업이나 진로에 대한 비전을 세우고 공부한 경우가 더 많았다. 그러니 요즈음처럼 '엄마 매니저'가 종횡무진 활약하는 세태에 비추어 보면 참으로 꿈같은 이야기처럼 들린다. 공부를 아주 잘했던 경험을 가진 서울대 엄마들은 부모가 아이의 학습이나 진로에 개입하고 관리하는 데는 분명 한계가 있다고 확언한다.

수민 씨는 가게를 하느라 늘 바쁘던 부모님, 공부와 담을 쌓은 언니와 동생 틈에서도 홀로 공부를 유달리 잘했다. 책을 통해 본 미지의 세계나 큰 세상을 만나기 위한 구체적인 방법이 바로 공부라고 생각했기 때문이라고 한다. 성아 씨도 비슷한 이야기를 들려주었다. 지방에서 고등학교까지 다닌 성아 씨는 다양한 독서를 통해 넓은 세계에 대한 동경을 가지게 되었다. 그래서 수준 높은 지식을 배우고 싶다는 생각, 그 지식을 바탕으로 한 대화를 나눌 수 있는 사람들을 만나고 싶다는 생각을 계속 키워 왔는데, 이러한 바람을 구체화시키기 위해서 '서울대'라는 목표가 중요했다고 한다.

조성아 사람들하고 이야기를 좀 심도 있게 해 보고 싶다는 생각을 했던 것 같아요.

● 아, 고등학생이 그런 생각을 했다고요?

예, 그런 생각을 늘 했어요. 그래서 뭔가 '내가 사회에 기여하고 싶고, 세상이 어떻게 돌아가는지를 이야기하고 싶다'라는 생각을 내내 했고, '그렇게 하기엔 서울대가 제일 좋지 않을까?' 이런 생각을 했어요.

● 그런 생각을 구체적으로 언제부터 한 것 같아요?

구체적으로 언제부터인지 모르겠는데, 누워 가지고서는 '뭘 할까? 난

앞으로 뭐가 될까?'라는 생각을 했을 때, 그 '앞으로 내가 뭐가 될까?'
는 너무나도 추상적이고 구체적이지 못하면서, 그냥 오로지 하나의
강렬한 열망은, 사람들하고 뭔가 세상에 대해서 깊이 있게 이야기해
보고 싶다, 그리고 내가 세상에 뭔가 기여하고 싶다, 딱 그 두 가지 열
망이었어요. 그랬기 때문에 서울대가 중요했어요.

강북 출신인 윤수 씨의 경우도, 맞벌이하느라 자녀 교육에 큰 관
여를 하지 않는 부모님 밑에서 유년 시절을 보냈다. 그러다 장학회에
서 만난 서울대 선배들을 보면서 서울대에 대한 막연한 동경을 품게
되었고, 스스로 애쓴 끝에 입학에 성공할 수 있었다.

● 어릴 때 엄마 아빠가 특별히 신경을 써 줬다, 이런 것들이 있었나요?

송윤수 우리 엄마 아빠는 특별하지는 않거든요. 저 서울대 나왔고 남
동생 서울대 나왔고 그러니까 굉장히 성공적으로 애들을 공부를 시
킨 건데 저희는 잘 모르겠어요, 그게 뭐 특별한 뭐가 있었는지. 다른
집보다 특별했던 것 같지는 않고요, 과외를 받거나 이런 것도 없었고,
특별난 게 참 저는 없었다고 생각을 하거든요. 조금 다른 게 있다면,
제가 중학교 때는 장학금을 받는 것이 있어서, 장학회 멤버들이 있는
데 여름에 한 번씩 수련회도 하고 모임도 하고 그러는데, 인제 거기
가면 친구들이 좀 있거든요. 제가 중학교, 고등학교 때도 1년에 한두

번씩 꼭 나갔거든요. 그것도 인제 기분 전환하는 거죠, 저한테는 어떻게 보면. 중학교 2학년 때부터인가 장학금을 받았는데, 그 모임에 나갔더니 너무 재미있더라고요. 일단 거기 서울대 대학생 오빠들도 있고 언니들도 있고, 이렇게 같은 또래, 언니와 오빠들이 있잖아요. 그러면서 그런 생각을 했던 것 같아요. '서울대 가야겠구나!', '역시 서울대를 가야지 더 멋있어 보이는구나!' 이런 생각도 좀 하고.

역시 서울대에 진학한 윤수 씨의 남동생도 부모님보다는 누나의 영향을 더 많이 받았다. 윤수 씨는 나이 차이가 많이 나는 남동생에게 누나이자 멘토로서 서울대 진학이라는 비전을 심어 주려고 노력했다고 한다.

화영 씨는 중학교 시절부터 줄곧 맞벌이하는 어머니를 대신해, 중풍으로 반신불수가 된 할머니를 돌보는 일을 도맡아 했다. 할머니와 함께 방을 쓰면서 대소변 수발을 들고, 중간고사나 기말고사가 끝나도 놀러 가지 못하고 집으로 돌아와 할머니를 돌보았다. 그럼에도 불구하고 공부를 잘할 수 있었던 것은 더 나은 사람이 되어 행복하게 살고 싶다는 동기가 강했기 때문이라고 화영 씨는 이야기했다. 화영 씨는 특별히 학원을 다닐 수는 없지만 학교 수업 시간만큼은 선생님이 나의 1대 1 과외 선생님이라는 마음가짐으로 놀라운 집중력을 발휘한 덕분에 서울대에 진학할 수 있었다고 했다.

변화영 할머니는 아파서 집에 계시고 그러니까 케어는 내가 다 했던 거 같고. 밖에서 놀지 않으면 집에서. 초등학교 3학년 때 할머니가 쓰러지셨기 때문에, 그 이후에는 할머니 케어를 엄마 퇴근하고 오시기 전가지 내가 해야 하고. 모두 나가면 직업이 없는 아빠가 하셨고. 내가 집에 오면 내가, 엄마가 퇴근하고 오시면 엄마가 하셨고. 할머니가 25년생이니까 거의 90 가까이 되셨는데, 50대 때 쓰러져서 오랫동안 누워 계시는 중이죠. 욕창이나 그런 게 심할 수도 있고, 왼쪽이 마비가 되었는데 화장실에 못 가시니깐 요강이 옆에 있고, 요강에 못 앉으시니까 앉으시다가 쓰러지고, 오줌으로 이불 다 적시고. 쓰러진 그 상태에서 할머니 혼자 있으면 돌아가실 수도 있는데, 그때 바로 옆에서 제가 주물러 드리고 그런 게 유지되었기 때문에 돌아가시지 않은 거죠. 어릴 때부터 그걸 봐 왔기 때문에 슈퍼에고super-ego가 강할 수밖에 없고, '내 밥그릇은 내가 챙겨야 한다' 그런 거. 할머니 밑에서 크니까 더 조숙했던 것 같아요. '강해야 한다!'

집안 형편이 안 좋으니까, 대학 때는 내가 학비도 벌어야 하고. 학원 보내 달란 말도 못 해. 그러니 그런 집안의 문제들로 인해서 나는 스스로 행복해져야 하는 구멍을 찾았어야 했고. 할머니 케어로 인해서 옷에도 오줌 냄새 배고 그러면서 초중고, 대학을 보낸 거잖아요. 아, 오늘은 뭘 재밌는 걸 할까, 이런 걸 스스로 찾아내면서 학교에서 농구도 많이 하고 탁구도. 이게 약간 다 팔방미인처럼 조금씩 조금씩 다 잘해. 당구도 치고, 막 이런 식으로. 하지만 어느 수준을 넘으면 안 되는 거야. 내가 엇나가면 이 체계가 무너져서.

● 사실 그런 상황에서 아이가 되게 압도되고 포기해 버릴 수도 있고 우울해지고 할 수 있는데 그게 아니고?
잘 컸죠, 하하.

● 그 저력은 어디서부터 나온 걸까요? 무엇이 동력이 되었을까요?
글쎄요. 타고난 인성도 있겠지만 욕심이 있었기 때문이라는 생각이 들어요. 타고난 욕심. 어릴 때야 "쟤 되게 욕심 많아." 그러지만 크면서는 꼭 그게 나쁜 거 같지 않아요.

여성에게 불리한 사회 현실도 그녀들의 노력을 자극한 요인이었다. 전형적인 강남 중산층 가정 출신인 영신 씨. 하지만 자신의 사회 계층적인 요인보다는 가족 안에서 인정받고 싶은 욕구, 특히 두 오빠들을 앞서고 싶다는 욕구가 공부에 대한 욕심을 키운 것 같다고 스스로 분석했다. 또 선생님이 지나가듯 던진 한마디가 마음에 남아 영신 씨의 승부욕을 자극했다고 한다.

박영신 전 오빠가 둘 있었어요. 특히 둘째 오빠가 연년생이라 묘한 경쟁 관계가 있었던 것 같아요. 더구나 아버지 어머니는 항상 "여자가 파워를 잃지 않는 법은 공부를 잘하는 거다"라고 말씀하셨어요. 표현은 약간 다르지만 이런 말은 초등학교 때 선생님들도 하셨고요. "공부 잘하는 여자아이들에겐 남자아이들이 함부로 하지 않는다"고요. 선생님이 딱 인정해 주면 다른 애들이 함부로 괴롭히지 않는다는 이야기를 하셨는데 저는 그게 그렇게 계속 기억에 남더라고요.

민경 씨는 중소도시 출신인데, 아무래도 보수적인 지방의 특성상 남아 선호 사상이 강한 것에 어릴 적부터 불만이 컸다고 했다. 한 인간으로서 온전히 존중받으며 원하는 일을 하고 살기 위해서는 여자도 자립할 수 있는 능력을 갖추어야 한다고 생각했고, 그것이 동인이 되어 민경 씨는 입시에서 좋은 결과를 낼 수 있었다.

이민경 우리 엄마한테는 남아 선호 사상, 남아 존중 그런 거 있으세요. 친구들이 놀러 와도 남자애면 밥을 먼저 퍼 주는 거예요. 손님이라서 먼저 퍼 주는 건 이해가 가요. 저한테 그냥 그렇게만 이야기하면 되는데, "남자니까." 어우, 그 말은! 그리고 국민학교 때 남자애들 보면 자기가 노력한 것에 대해서 대접을 받고 그러면 모르겠는데 단순히 남자라는 이유로 세상이 그 사람을 더 높게 평가해 주고 대우해 주고. 정말 부당하다고 생각했거든요. 전 싫었거든요. 그리고 여자로 태어난 게 억울하다 싶고. 그래서 저는 남자처럼 살리라.

그리고 그때는 사회 진출해 있는 여성이 많지 않았잖아요. 그래서 어떻게 보면 남녀 간에 갈등이 생겨도 그냥 참고 살고, 살짝 과격하게 보면 노예처럼 예속되어 있는 삶을 살잖아요. 자기가 생각하는 게, 여자가 생각하는 게 옳아도 남자를 따를 수밖에 없는, 경제적으로도 종속 관계죠. 그런 게 싫어서. 그리고 또 하나는, 대등하고 평등한 관계라 하더라도 그 남자가 실제로 집안에 기둥이었는데 어떤 불의의 사고 때문에 잘못될 경우, 여자가 가정을 책임져야 하는데 능력이 없으면 안 되잖아요. 일반적으로 제가 어릴 때 개념은, 남자는 능력이 있고 존중받고 대접받고 사람이고, 여자는 그렇지 못했잖아요. 그래서 난 남자처럼 살리라. 그냥 아주 어릴 때부터 생각했던 것 같아요.

그녀들 스스로의 경험이 이러하다 보니, 요사이 '엄마가 어찌어찌해야 아이를 좋은 학교에 보낼 수 있다'는 이야기가 그녀들에게는 공염불처럼 들린다고 했다. 세상이 많이 변해서 엄마가 노력하지 않으면 아이들의 성적이 결코 좋을 수 없다는 이야기가 분분하지만, 그래서 그녀들도 혼란스러워하고 갈팡질팡하기도 하지만, 그럼에도 어쨌든 성공의 마지막 열쇠는 공부를 하는 당사자, 즉 아이 본인에게 있다는 신념만큼은 확실한 것이다.

김지영 저 같은 경우는 정말 아무것도 없었기 때문에 올라가고 싶었던 욕구가 있었거든요. 그런데 내 아이들은 다르더라고요. 아이가 영재성을 보이지 않으니까 제가 정보력으로 해 보려 했죠. 그런데 그것도 아니더라고요. 아무리 자극을 주려 해도 엄마가 하는 건 한계가 있어요.

스스로 공부하고 싶은 이유를 찾은 경우, 공부하는 일은 비록 어렵고 힘들어도 해 볼 만한 일이 된다는 것, 포기하지 않고 성취하고 싶은 자신의 도전 과제가 되는 것을 그녀들은 경험적으로 알고 있는 것이다.

그렇기 때문에 서울대 엄마들이 자녀 교육에서 가장 큰 과제라고 여기는 부분은 '아이들이 어떻게 하면 공부를 잘할까?'라기보다는 '어떻게 하면 공부를 잘하고 싶은 마음을 가질까?', '무엇으로 아이에게 동기 부여를 할 수 있을까?' 하는 점이라고 했다. 왜? 내가 그랬기 때문에. 누가 시켜서가 아니라 스스로 내적 동기를 찾았고, 내 안의 빛을 쫓아 공부했기 때문에. 스스로 공부하고 싶은 이유를 찾은 경우, 공부는 어렵고 힘들지만 해 볼 만한 일이자, 포기하지 않고 성취하고 싶은 도전 과제가 되는 것을 그녀들은 이미 경험했다. 그래서 그녀들은 대체로 아이에게 공부하라는 소리를 하지 않는 편이라고 했다. 사교육을 시키는 것이 정답이 될 수 없다고 그녀들은 분명히 말했다.

요즈음 아이들이 자라나는 환경을 보면, 엄마들의 어린 시절과 비교했을 때 여건이 훨씬 더 좋다. 그만큼 아이가 갈망할 만한 무엇인가를 스스로 찾아내기가 용이하지 않을 수 있는 것이다. 혹자는 이를 두고 '결핍 없는 아이들'이라고 표현하기도 한다. '부모가 알아서 다 해 주고 불편함이 없는' 상황에서 굳이 에너지를 쏟아 부어 자신이 진정으로 원하는 바를 탐색할 필요가 없는 것이다.

딸아이를 서울대에 보낸 서울대 엄마 신혜 씨의 이야기는 이러한 고민을 잘 보여 준다. 신혜 씨도 아이가 스스로 공부하고자 하는 동기를 가지도록 하는 데 많은 노력을 기울였다고 한다. 별다른 부족함 없이 자란 외동딸이 공부의 이유를 찾지 못하는 것에 대해 조바심을 내기도 했지만, 특별히 공부를 하라고 채근한다거나 사교육에 의존한다거나 하는 식의 접근은 경계했다고 한다.

박신혜 아이가 중학교 2학년 때쯤, 자기가 계획을 세우기 시작했어요. 아빠가 공부 습관을 가르쳐 주면서, 한 중3 때쯤에 외고를 가야겠다고 목표를 세우는 거예요. 본인 스스로. 왜냐면 아빠한테서 네 꿈을 가져야 된다고, 뭘 하고 싶은지 잘 생각해 보라는 이야기를 들은 거죠. 어릴 때부터 아프고 이러니까 아이들 돌보는 소아과 의사 하고 싶다, 그런 이야기를 했어요. 그러다가 유니세프나 뭐 그런 국제기구에서 아이들 돕는 것도 있다, 너 그럼 유엔 사무총장 하면 좋겠다. 아직 반기문이 사무총장 되기 전이었어요. 아이는 뭔지도 잘 모르면서 자기 꿈을 꾼 거예요. 그러면서 좋은 학교도 가야겠고 외국어도 잘해야 되겠다, 생각을 한 거죠. 영어를 해야지 국제기구 같은 데서도 일할 수 있고, 그러면 외고를 가는 게 좋겠다, 이런 계획을 스스로 세운 거죠. 아빠가 영향을 준 거라면 꿈을 가져라, 그런 이야기를 해 준 거죠. 그 꿈을 가지기 위해서 뭐가 필요할까? 외국어를 서너 개는 하는 게 좋지 않냐? 이런 이야기를 그냥 해 준 거죠.

저는 저대로 아이가 중학교 2학년 때 직업 주간이 있어서 학교에 일일교사를 하러 갔어요. 부모 직업을 이야기해 주는 자리에 간 거죠. 일을 하다 보니 애한테 뭘 딱히 해 줄 것도 많지 않으니까, 여건이 되면 가서 그 반 아이들 대상으로 기자가 뭔지에 대해서, 기자는 어떤 일을 하고 사나, 이런 이야기를 한번 해 줘야겠다, 하고 갔어요. 그러면서 자연스럽게 딸아이가 중학교 때 자신의 꿈을 갖게 되었던 것 같아요. 꿈을 가지면서 조금은 다른 아이들하고 달라질 수 있게 되는 계기가 된 것 같아요.

● **결국 동기 부여를 한 거네요.**

네, 그랬던 것 같아요. 저희 애는 더 그랬던 것 같아요. 왜 공부해야 되는데? 이런 이야기를 어릴 때 많이 했어요. 초등학교 6학년 때 숙제

안 하고 있으면, 적어도 선생님이 하라고 한 숙제부터 먼저 하고 놀아라, 그리고 나서 너 하고 싶은 일 해라, 이런 이야기 자주 했던 것 같아요. 그런데 딸아이 입장에서는, 왜 하고 싶은 일보다 해야 하는 일을 먼저 해야 하는지 궁금한 거죠. 동기가 없던 거예요. 그랬기 때문에 동기 부여를 하는 것이 중요하다는 생각은 계속하고 있었어요. 그러다가 중학교 때 기회를 만난 거죠. 특별히 그전에 뭘 막 애한테 하라고 하거나 주입하려고 하거나 그러지 않고 기다려 줬죠. 스스로 찾도록 방향만 가이드해 주고요.

우리는 흔히 이야기한다. 아이의 성적은 부모가 만들 수 있다고. 마치 아이돌 기획사 사장과도 같이 '그저 열심히만 하면 성공하게 만들어 준다'고 장담하는 것이 요즈음 우리네 엄마들의 모습이다. 하지만 서울대 엄마들을 보면서, 인생을 살아가는 데 중요한 영향을 주는 의미 있는 타자들은 부모 말고도 많다는 생각이 들었다. 선생님과 친구들, 선배, 형제자매, 또 책에 나오는 무수한 인물들……. 그들을 통해 우리 아이들은 스스로 마음 안에 빛나는 별 한 조각을 찾고자 애쓴다. 그 별과 만나는 순간, 아이들의 마음은 빛으로 가득 찬다. 이처럼 아이 스스로 세우는 목표는 미래를 위한 큰 도전이고 자산이다.

교육 전문가들은 요즈음 아이들이 대체로 자신의 고유한 생각이나 느낌, 가치나 욕구에 근거해 꿈을 설계하기보다는, 부모가 정해 주는 또는 사회에서 좋다고들 하는 목표를 향해 달려가면서 강박적인 불안을 느낀다고 이야기한다. 그러다 보니 자신의 삶이 가지는 가치나 의미가 무엇인가에 대한 진지한 성찰도 고민도 없다는 것이다. '엄마가 알아서 다 해 주는데 내가 왜 힘들여 해야 돼?'라고 여기게 된다는 것이다. 그러면서 사회는 아이가 보이는 모든 행동이나 결과의 원인을 엄마의 일방적 영향 안에서만 파악하려 한다. 이래저래 부모도 아이도 힘든 세상이다. 서울대 엄마들을 보면서 나는 부모가 정답을 제시하는 유일한 존재일 수 없다는 사실을 자각하는 것이야말로 아이를 위한 필살기라는 생각을 해 보았다. 아이들이 스스로 별을 찾을 수 있도록 믿고 지지해 주며 곁에서 모범을 보여 주는 것. 부모는 그저 부지깽이 역할만으로도 충분하다.

공부하라는 잔소리 대신
먼저 공부하는 엄마

『공부가 가장 쉬웠어요』. 열악한 환경에서 갖은 고생을 하다가 서울대 법대에 합격한 장승수 신드롬은 꽤 오래 우리 사회를 강타했다. 그가 쓴 자전적 에세이는 베스트셀러가 되었고, 그 제목이 주는 강렬한 인상 덕에 나의 뇌리에도 깊이 각인되어 있다. 그에게는 정말 공부가 가장 쉬웠던 모양인지 사법 시험에 합격해 지금 변호사로 활동하고 있다고 한다.

내가 만난 서울대 엄마들도 크게 다른 부류는 아닌 것 같다. 물론 막노동을 해야 했을 만큼 힘든 성장기를 보내다 뒤늦게 공부를 시작한 장승수 씨와, 비교적 안정된 환경에서 어릴 때부터 공부에 익숙했던 그녀들의 차이를 무시하려는 뜻은 아니다. 하지만 공부를 그냥 밥

먹는 것처럼, 숨 쉬는 것처럼 자연스럽게 받아들여 스스로 공부에 몰두했다는 점에서 분명 공통점을 찾을 수 있다. 그래서 그녀들에게는 특별히 부모님로부터 공부하라는 잔소리를 들어 본 기억이 없다. 정말이지 축복 받은 부모-자녀 관계가 아닐 수 없다. 하지만 그녀들은 '나에게 공부가 쉬웠다고 해서 내 아이까지도 그럴 것이라고 기대할 수는 없다'고 했다. 대신, 공부라는 것이 습관이 될 수는 있다는 생각으로 엄마 자신이 공부하는 모습을 자주 보여 줌으로써 아이가 공부를 자연스러운 것으로 받아들이도록 노력한다고 했다.

박사 논문을 준비 중인 상미 씨는 아이가 미술학원에서 그림을 그리는 동안 카페에 앉아 논문을 읽거나 강의 준비를 한다. 집에도 상미 씨가 출력해 놓은 논문들이 많이 있기 때문에, 아이가 놀거나 그림을 그릴 때 이면지로 활용한다고 했다. 이러다 보니 아이는 자연스레 엄마가 공부하고 있다는 사실을 알게 되는 것이다.

효주 씨는 아이가 초등학교에 들어가면 자신도 법학 등 또 다른 분야를 전공하려고 현재 준비 중이라고 했다. 이미 의학박사이자, 대학교의 연구직 공무원으로서 바쁜 나날을 보내고 있는 효주 씨이다.

전효주 사실 좀 그런 생각도 있어요. 지금은 아이가 어리지만 이제 초등학교 갈 때쯤 되면 법학대학원에서 공부를 더 해 볼까 생각도 해요.

● 박사 학위를 따 놓고도 또 공부를 한다고요?

예. 제가 일하는 분야가 법학도 조금 필요한 분야라서 일하는 데 도움도 될 듯하고요, 무엇보다 애가 초등학교 들어가면서 공부할 때 저도 같이 공부를 해서, 엄마도 너와 같은 시기에 공부를 같이 했어, 그렇게 이야기하고 싶어요. 우리 아이가 초등학교 6년을 졸업하는 동안에 엄마와 같이 성취할 수 있는 그런 것들이 있으면 좋을 것 같아서 공부를 더 해 볼까, 하는 계획을 하고 있어요.

● 지금도 일하면서 엄마로서 아이를 돌보는 일도 힘들고 벅찬데 거기에다 공부하는 학생이 된다고요? 그게 얼마나 힘들지 충분히 예상되는데요? 진짜 공부가 쉬운가 봐요?

뭐, 쉽다기보다는 사실, 제가 게을러서 그런지 모르겠는데 저는 살림이 정말 취향에 안 맞아요. 잘 못하겠더라고요. 인테리어 잘되어 있는 걸 보면 예쁘다는 생각은 드는데, 내가 하려고 들면 모르겠고. 그래서 어찌 보면 전 공부가 더 쉬운 것 같아요, 게을러서일 수도 있고요, 자기 편하자고 하는 것일 수도 있는 것 같아요. 앉아서 공부만 하면 어느 누구도 나를 방해하지는 않는 그런 거요. 그래서 쉽다고 이야기한 거예요.

그리고 특히 남자들보다 여자들 같은 경우에는 여자로서 부여되는 그런 게 있잖아요. 집안일을 해야 한다거나 하는 거. 어렸을 때, 자라면서 집안에 딸이 저 하나였거든요. 남동생이 둘 있다 보니까 누나로서 뭔가를 해 줘야 하는 일이 많기는 한데, 어려서부터 '공부를 하는 애'라는 인식이 있어서 엄마가 집안일을 크게 많이 시키지는 않았어요. 더구나 남편도 제가 공부하고 일하는 사람이라는 생각은 확실한 것 같아요. 그렇다 보니 제가 공부한다고 해서 더 크게 달라지는 것은 없을 것 같은데요.

효주 씨는 현재 맡은 업무에 법률 지식이 필요하다는 현실적인 이유 외에도, 아이에게 공부하는 습관을 길러 주기 위해서는 엄마 자신이 열심히 공부하는 모습을 보여 주는 것이 필요하다고 답하였다. 직장에서는 일 잘하는 직장인으로 그리고 가정에서는 멋진 아내와 엄마로 살아가고자 고군분투하는 삶에다, 공부하는 학생으로서의 짐까지 추가로 지려는 효주 씨. 결코 쉽지 않은 길이라는 것은 이미 잘 알 텐데…… '노력하는 엄마', '공부하는 엄마'의 모습을 보여 주는 것보다 더 좋은 교육은 없다는 효주 씨의 의지는 보통 사람들의 눈에는 사뭇 비현실적으로 느껴지기도 할 것 같다.

가수 이적의 어머니로 더 잘 알려진 여성학자 박혜란 씨. 그녀 역시 서울대 독문과를 나온 서울대 엄마다. 10년간 전업주부로 지내다가 1984년 막내의 목에 아파트 열쇠를 걸어 주고 서른아홉의 나이에 대학원에 진학해서 여성학 박사 학위를 받았다는 일화는 이미 잘 알려진 이야기일 것이다. 세 아이들 모두 스스로 도시락을 싸서 다닐 만큼 그녀는 자신의 공부에 바빴다. '엉터리 엄마', '자기밖에 모르는 독한 엄마'로 지탄을 받기도 했다. 하지만 아들 셋이 모두 서울대에 들어가자 속된 말로 '자식 농사 잘한 성공한 엄마'로 탈바꿈하게 되면서 박혜란 씨의 이야기는 당시 매스컴에서 화제가 되었다. 그녀가 아이들을 모두 번듯하게 잘 키울 수 있었던 비결은 도대체 무엇이었을까? 그에 대한 답으로 많은 사람들이 '공부하는 엄마'로 아이들의 눈에 비추어진 박혜란 씨의 이미지를 꼽았던 것을 나는 기억한다.

그런 점에서 서울대 엄마들이 스스로 공부하는 모습을 보이면서, 아이로 하여금 엄마의 모습을 닮아 가도록 유도하고 지원하는 것은 그녀들이 가진 꽤 멋진 필살기 중 하나일 것이다. 그렇지만 여기서 말하는 공부가 '박사 학위 취득'처럼 꼭 거창해야 된다는 것은 단연코 아니다. 책 읽는 아이 옆에 앉아 함께 독서 삼매경에 빠져드는 것이나, 자신이 평소 관심 있었던 분야에 대해 탐색하는 것도 아이에게 보여 주는 '엄마의 공부'가 될 수 있다. 말하자면, 어떤 것에든 자연스럽게 열중하고 노력하는 엄마의 모습은 아이에게 분명 학습적인 자극이 될 것이라고 믿는다. '엄마의 공부'라는 필살기, 어떤 엄마든 시작할 수 있다. 그녀들의 필살기가 당신의 필살기일 수도 있다.

남편과 함께 만드는
작은 도전과 변화

보통의 부부 사이의 관계를 떠올려 보면 남편은 가장으로서, 아내는 주부로서 역할을 분담하는 것이 일반적이다. 오랜 세월 동안 그 모습이 가장 자연스러운 것으로 인식되어 왔다. 남녀평등이 오히려 낡은 구호처럼 여겨지는 오늘날에도 여전히 '가정의 기둥'은 남편의 몫이다. 그것이 남성들에게 부담일 수도 있겠지만, 그래야 한 가정의 위계가 바로 서고 남편의 권위가 산다는 것이 우리 사회를 지배하는 보통의 정서이다.

서울대 엄마들과 인터뷰를 하면서도 이러한 성역할 구조와 그 뚜렷한 경계가 여전하다는 사실이 느껴졌다. 하지만 한편으로는, 우리 사회가 어떠한 방식으로든 견고한 성역할의 틀을 허물어 나가고 있음이 엿보였다. 또한 평등한 역할 분담을 이루기 위해 남성 대 여성의 대립 구도가 아닌, 제3의 방식에 대한 가능성을 탐색해 볼 수 있었다. 그녀들이 여성의 권리를 쟁취했다거나 남편들이 특별난 성 평등주의자이기 때문이 아니다. 그보다는, 부부가 '생활의 편의'를 함께 도모하다 보니, 또한 남편들이 '나만큼 능력 있는 아내'를 인정하다 보니 자연스럽게 새로운 가능성이 싹텄다고 보는 편이 더 정확하겠다.

화영 씨의 남편은 서울대 법학과, 호연 씨의 남편은 서울대 경제학과 출신이다. 하지만 이 남편들은 아내에게 자신을 '서포트'하기를 요구하지 않고, 오히려 아내의 능력을 존중해 주고 있다고 한다.

변화영 남편은 자기도 잘했지만 솔직히 되게 저를 존중해 주는 편이에요. 그러니까 같이 살아 보면 알잖아요. 하는 행동이나, 사건을 같이 처리하는 거에 있어서. 그 사람은 굉장히 내가 머리가 좋다고 생각을 해요. 자기는 이 세상에서 남자가 더 우월한 생물학적 존재인 줄 알았는데 '여자도 똑똑할 수 있구나, 라는 걸 네가 처음으로 알려 줬다'는 얘기를 했어요. 자기도 잘났다고 생각을 했는데, 이제 자기가 생각하기에 더 잘난 여자를 만난 거야. 그러면서 항상 네 능력을 믿는다, 이런 이야기를 하죠. 뭐, 그런 이야기 들으면 기분은 좋죠.

김호연 남편은 연애할 때부터 저에게 공부를 하라고 했어요. 그래서 저는 학교 다니면서 사법고시를 준비한 적도 있었고, 한때는 행정고시도 준비한 적이 있었어요. 지금도 제 이야기를 제일 잘 들어 주는 사람은 남편이에요. 아이들 이야기도 항상 상의하지만, 제 진로에 대한 이야기나 논문에 대한 이야기 같은 것도 남편하고 모두 하죠.

서울대 엄마들은 남편이 당장에 처리해야 하는 업무부터 남편의 장래에 대한 구체적인 계획에 이르기까지 서슴없이 개입하는 면도 볼 수 있었다. 선희 씨의 경우, 회사를 다니던 남편에게 교직을 권했고 남편은 이를 받아들여 진로를 수정했다. 이미 결혼하여 아이가 있는 상황이라 경제적으로 어려울 수 있는 선택이었지만, 선희 씨는 기꺼이 남편에게 장래를 위해 투자할 수 있는 시간을 허락해 준 것이다. 선희 씨의 권유를 받아들여 공부를 다시 하고 교사가 된 남편은 지금도 이 일을 두고두고 고마워하고 있다. 현승 씨의 남편은 서울대 법대를 나온 회사원이다. 현승 씨는 남편의 회의 자료, 특히 영어 문건을 작성하는 데 종종 도움을 준다고 했다.

윤선희 남편이 교사를 한 것도 사실은 제가 하라고 한 면이 있어요. 원래 같은 과 출신인데 졸업하고 나서 벤처 기업 같은 데 다녔었거든요. 그랬는데 회사 자체도 불안하였지만, 그냥 다시 공부해서 교사가 되라고 했어요. 사실 독어로는 선생님이 어려우니까, 원래 남편도 1지망은 영어교육과였고 영어를 좋아하고 하니까 그냥 영어과에 편입해서 교사 하는 게 어떻겠냐고 그랬거든요. 그래서 그 부분에 대해서 남편이 고맙게 생각을 해요. 이미 애도 낳은 상황이었는데 남편이 다시 학생이 된 거였어요. 제가 권유했기 때문에 남편이 교사 하는 것에 대해서는 저는 불만 없어요.

옥현승 우리 신랑은 워낙에 오랫동안 저를 지켜봐 왔기 때문에, 그러다 보니까 사소한 것도 상의를 많이 하고, 또 제가 결정을 하면 웬만하면 그대로 받아들여요. 어떨 때는 서류를 들고 와서 모르는 것을 물어보기도 해요. 특히 영문 계약서를 들고 와서 묻기도 하고. 가르쳐 주면 뭐 "똑똑하네!" 이러고. 서로 도움을 주고받는 것 같아요.

사정이 이러하다 보니, 남편들은 그녀들이 주부로서 집안일에 역량을 발휘하지 못하더라도 별다른 압력을 행사하지 않는다고 했다. 그뿐이 아니라 아내가 커리어를 희생하는 부분에 대하여 진심으로 안타까워하는 마음에, 집안일에도 점차적으로 적극적인 태도를 보이게 되었다고 한다. 영랑 씨, 효주 씨, 그리고 이정 씨의 이야기를 들어 보자.

김영랑 원래 남편은 손 하나 까딱하지 않는 그런 집에서 자란 가부장적인 사람이에요. 그 집 가족들이 다 그러지요. 결혼 초에는 정말로 제가 다 했어요. 그런데 2007년 제가 개인전을 했는데 남편은 그때 저를 보고 충격을 받은 것 같아요. 아이도 키우고 일도 하면서 뭔가 끊임없이 성취해 가는 저를 보면서, 말하자면 무언가 굉장히 심혈을 기울여서 작업하는 저를 보면서 도와줘야 된다는 것을 깨달은 것 같아요.

전효주 저는 일을 해야 하는 사람이라는 것을 남편은 인정하는 거죠. 그리고 시댁에서도 비슷하게 생각하세요. 저 아이는 집안일보다 공부를 하게 하는 것이 나을 것이다. 그래서 집안 대소사에서 제 몫이 줄어들었어요.

심이정 남편은 제 모습을 대학교 때부터 봐 왔죠. 하루에 스케줄 약속 몇 개씩 빡빡하게 짜여 있어서 정신없이 사는 제 모습을요. 해서 하루에 5분 정도 만나고, 중앙도서관에서 잠깐 5분 만나고 헤어지고. 서로 너무 바쁘게 살아온 것을 잘 아는 사람인 거예요. 그러니 결혼해서도 '그러려니!' 하는 것 같아요. 그걸 못하면 제가 도저히 못 참아 낸다는 것, 제 일을 할 수 없다는 것을 잘 알기 때문이죠 그녀들과 남편들 사이의 이러한 특성은 '육아' 영역에서 가장 잘 드러나는 것으로 보인다. 남편들은 대개의 경우, 자녀와 관련한 일에 있어서 그녀들의 판단이나 결정을 전적으로 지지하고 따르는 편이라고 한다. 여기에 더해, 아이를 키우는 데 있어서 "보통 아빠들 이상으로 잘 도와줘요"라는 평가를 인터뷰에 참가한 서울대 엄마들로부터 자주 들을 수 있었다.

그런데 독자 입장에서는, 보통의 가정에서도 '육아 = 엄마의 몫'이라는 명제가 아주 당연한 것처럼 적용되기 때문에 대부분의 교육적 사안에 대한 판단은 엄마들이 내리지 않나, 하는 의문이 들 수도 있을 것이다. 또한 '맞벌이 가정'인 경우, 남편이 육아에 참여하지 않으면 일과 가정이 양립하는 것 자체가 거의 불가능하므로, 남편의 적극적인 아빠 역할은 현대에 당연히 요구되는 덕목이 아닌가, 하고 생각할지도 모르겠다.

맞는 말이다. 현재 우리 사회에서 요구하는 부모의 모습은, 엄마라면 '엄마 역할'을 주도적으로 잘해야 하고, 아빠는 '눈치 봐 가면서' 적당한 때에 치고 빠질 줄 아는 '센스'를 발휘하는 것이다. 이렇게 보통의 가정에서도 흔하게 볼 수 있는 남편과 아내의 의사 결정 과정과 역할 분담을 서울대 엄마들도 그다지 다를 바 없이 경험하고 있었는데, 그러면서도 자신과 남편에 대해서는 조금 다르게 평가하는 듯 보인다. '엄마 주도적인 육아 방식'에 대해서는 아내에 대한 남편의 믿음 때문이라고 생각하고, 또 '육아나 가사에 대한 남편의 적극적인 참여'는 아내의 능력이 사장되는 것을 원치 않는 남편의 안타까움의 발로라고 여기는 것 같다.

성아 씨의 이야기는 서울대 엄마들이 이러한 역할 구조를 어떻게 평가하고 있는가를 잘 보여 준다.

조성아 남편은 내 능력에 대한 믿음이 있어요. 아주 어릴 때도. 학부 때 만난 거잖아요, 둘이서. 부인이 성공할 수 있도록 도와줘야 한다, 이 부인은 성공할 수 있다, 그리고 내가 거기에 지지해 주고, 있는 힘껏, 그동안 힘이 없어서 못 해 줬지만 할 수 있는 한 지원해 줘야 한다는 생각이 남편에게 있어요. 그래서 저의 박사 과정 내내 남편이 힘들어서 못 해 주는 이상은, 어쩔 수 없는 상황이 아닌 이상은 애를 데리고, 나 공부할 동안에는 애만 데리고 본인이 여행을 하거나 시댁에 가거나, 주말 되면 애 데리고 놀러 가서 하루 종일 집을 비운다든가. 그런 식의 협조가 늘 있었죠. 늘 아침에 일어나면 설거지는 본인이 알아서 한다든가.

● 아내가 요구하지 않았는데도 자발적인 행동이었다는 거죠?
네. 제가 한 번도 요구하지 않았는데 늘 제가 중간에 멈추려고 하면 오히려 애 아빠가 날 푸시했어요. 이를테면 석사 논문 쓸 때 임신 중이어서 논문을 쓰기가 힘든 거예요. 침대에 누워 있으면서 "한 시간 후에 깨워 줘." 이러면 남편이 칼같이 깨워 줬어요. 안 일어나고 밍기적거리면 컴퓨터 켜 놓고 "오늘 끝내야지, 마누라. 일어나서 공부해!" 하며 푸시하고. 박사 과정 중에도 새벽 4, 5시에 일어나야 하면 내가 못 일어날 것 아니에요? 그러면 남편이 잠을 설쳐 가면서 깨워 줬어요. 한 번도 요구한 적이 없었는데.

우리가 여러 인생을 겪으면서 부부 관계가 위태로웠다가 좋았다가 이럴 거 아니에요. 기본적으로 이 관계를 지속해 올 수 있었던 힘은 남편이 늘 나를 존중한다는 거였어요. 늘 존중해요. 정말 남편이 나를. 장난처럼 "그래, 넌 이런 것도 모르지." 이런 것은 있지만, 전반적으로 남편이 나의 인격이나 인생의 꿈이라거나 이런 것을 굉장히 존중했기 때문에 위기를 넘겨 오고, 결혼 관계를 지속하고 이러지 않았을까 싶어요.

물론 부인에 대한 남편의 존중을 이야기하고 있지만, 서울대 엄마들도 여전히 '아빠보다는 엄마', '남편보다는 아내'가 가사와 육아에서 주된 역할을 담당해야 한다고 믿고 있다. 그렇기 때문에 전통적인 성역할을 완전히 벗어던지는 파격은 그녀들의 인생 시나리오에 존재하지 않는다. 이런 점에서 그녀들도 그냥 보통의 엄마이고 보통의 여자들이었다. 다만, 여성이 스스로 많은 자원을 가지고 있을 때 남성이 가정 안에서 수행하는 역할이 조금씩 더 유연해질 수 있으며, 그에 따라 여성의 지위도 조금씩 더 진화할 수 있으리라는 점을 그녀들의 이야기로부터 예측할 수 있었다. 그 변화로 인해 아내와 남편의 관계가 개선될 수 있는 것은 물론이며, 이는 자녀 교육에도 그 무엇보다 긍정적인 영향을 미치는 요소일 것이다. 특히 아이가 학령기에 접어들게 되면 엄마 혼자서 자녀 교육을 감당하기는 무척 벅찬 것이 사실이다. 이때 남편은 함께 상의하고 뜻을 도모할 수 있는 좋은 동지가 될 수 있다.

이정 씨는 직장일에다 자신의 취미 생활까지 적극적으로 하느라 너무나 바쁘다. 그런 이정 씨의 남편은 업무 중간중간 직장 근처에 있는 아이의 학교에 들려 하교를 도와주기도 하고, 학교 행사에도 참석한다. 남편은 현재 방송국 기자로 바쁜 나날을 보내고 있는 와중에도 자녀 교육이라면 아내보다도 더 적극적이다. 아들이 초등학생이 된 이후에도 자신의 교육관을 흔들림 없이 고수하고 있는 이정 씨는 초등학생 아들에게 영어를 강요하는 사교육은 시키지 않을 계획인데, 이 결정에는 남편이 큰 영향을 미쳤다.

심이정 남편은 어릴 때부터 야구광이었어요. 메이저리그 소식을 들으려고 AFKN을 항상 달고 살았대요. 그러다 보니까 변변한 영어 학원 한번 다닌 적 없어도 영어 실력이 늘 수밖에 없죠. 그렇게 쌓은 영어

실력이 기자로 일하는 데 큰 도움이 되고 있어요. 국제 스포츠 담당이
거든요.

　

이정 씨의 남편은 영어에 흥미를 느끼게 하는 어떤 계기, 영어와
관련된 '즐거운 꺼리'를 스스로 찾기만 하면 특별한 강요나 간섭 없
이도 영어 실력을 높일 수 있다는 것을 경험을 통해 알게 되었다. 그
리고 이 같은 남편의 경험은 이정 씨가 자녀 교육과 관련된 의사 결
정을 할 때 강력한 버팀목이 되어 주고 있다.

　신혜 씨 부부는 아이가 공부를 잘하기 위해서 당연히 요구되는
'전업주부와 재력 있는 아빠'라는 프레임에서 한 발 벗어난 환경에
서 딸을 키웠다. 어찌 보면 "일하는 엄마와 돈을 잘 못 버는 아빠"라
는, 자녀 교육에 열악할 수 있는 환경이었지만 신혜 씨는 오히려 이
러한 가족 특성을 장점으로 승화시켰다. 가령 외고 입시에서 낙방한
딸이 좌절하고 힘들어할 수도 있는 상황에서, 신혜 씨는 외국에 나
갈 일이 생기자 아이도 데리고 갔다. 그곳에서 엄마의 일을 도우면서
아이가 스스로 마음을 추스를 수 있도록 한 것이다. 또 딸아이가 한
창 예민한 중학교 시절, 남편이 경제 활동을 중단한 채 집에 있었는
데 그때 남편이 서울대 출신 아빠로서 딸의 학습 도우미를 자청했다.
딸의 친구들까지 집에 불러 직접 수학과 영어를 봐 주기도 하고, 딸
과 함께 장애인 시설을 찾아다니면서 딸이 자원봉사 경험을 쌓을 수

있도록 도왔다. 딸의 대학 지원을 앞두고 신혜 씨가 마음이 분주했을 때에도, 남편이 직접 입시 학원 강사인 대학 동창을 연결시켜 주어 신혜 씨에게 상담을 받도록 했다.

주말부부인 보애 씨는 주중에 자녀를 돌보는 일은 전적으로 자신이 하지만 주말만큼은 남편이 청소와 빨래 그리고 육아까지 도맡아서 한다고 이야기했다. 오죽하면 딸아이가 "아빠는 왜 엄마와 결혼을 해서 힘들게 살까?"라고 했다며 보애 씨는 웃음을 터뜨렸다. 또 다른 주말부부인 윤수 씨의 경우도, 남편이 주말이면 어김없이 집으로 와서 청소와 장보기, 아들과 놀아 주기를 도맡는다고 한다. 남편이 이렇게 하지 않으면 자신의 가정이 굴러가기 어려울 것이라고 윤수 씨는 단언했다.

의사인 민경 씨는 주말이나 야간에까지 일정이 꽉 찬 경우가 잦지만 남편이 아이를 잘 돌보고 챙겨 주기 때문에 별 걱정이 없다고 했다. 나와 인터뷰를 한 날도 주말 저녁 시간이었는데, 민경 씨의 남편은 아이를 데리고 아내가 일하는 병원까지 픽업을 하러 와 기다리고 있었다. 그야말로 전통적인 남성상과는 많이 다른 '신세대 남성'의 모습이었다. 사실 민경 씨의 남편은 40대 중반에, 지방 출신에, 거기다 장남이기까지 한, 신세대와는 거리가 매우 먼 조건들을 가지고 있지만 아내의 일을 지원하고자 아빠 역할을 성실하게 수행하고 있었다.

이렇듯, 전통적인 성역할에 근거해 남편은 생계 부양자로, 아내는 가정과 아이를 책임지는 관리자로 구분 짓던 기존의 성역할이 패배해 가고 있는 지점들을 우리는 앞으로 더 많이 발견하게 될 것이다. 최근 자녀 교육의 어려움에 허덕이는 많은 부모들에게 '부부'가 곧 해답이라고 제시하는 교육서들이 속속 등장하고 있다. 부부 사이가 탄탄한 가정일수록 부모는, 특히 아내는 아이의 성공이나 성적에 집착하지 않는다는 것이다. 결국 아이에 대한 과도한 집착에서 벗어나는 방법으로 남편을 선택하자는 말이다. 이런 의미에서, 서울대 엄마들이 남편과 맺고 있는 관계는 중요한 시사점을 제공한다. 남편은 아내의 능력을 인정하고 존중하며, 부부가 함께 자녀 교육 문제를 협의하고 결정하는 그들을 보면서 새로운 부부의 모습은 이미 시작되었다는 희망을 품어 본다.

이는 결코 독자들을 향해 서울대 엄마들처럼 화려한 스펙을 쌓아야 한다는 이야기가 아니다. 그저 아내인 자신에게도 남편에게 어깨를 내어 줄 수 있는 여지가 조금이라도 있는가에 대해서 스스로 한번 돌아보자는 것이다. 나는 남편이 마음 터놓고 이야기 나누고 싶은 아내인지, 남편에게 자녀나 옆집 아줌마가 아닌 '나'의 이야기를 들려줄 수 있는 그런 아내인지 점검해 보자는 것이다.

엄마나 아내만이 아닌 '나' 자체의 향기를 갖기 위해서는 어떤 노력이 필요할까? 결국 내공을 쌓아야 한다. 당장 시작할 수 있는 것

부터 찾아보는 거다. 아이의 학원 문제보다도 자신의 미래에 대해서
더 깊이 고민해 보아야 한다. 지금 하고 있는 일이 있다면 그것이 가
지는 소중함이나 앞으로의 계획에 대해서 스스로 점검해 보고, 남편
과도 공유해야 한다. 그렇게 조금씩 나를 세워 갈 때, 남편은 아내를
단지 '아이의 엄마'나 '내 마누라'가 아닌, '김○○' '박△△'라는 한
인격체로 대할 것이다. 그렇게 스스로에게 당당할 때, 아이 앞에서
내는 목소리도 한껏 더 힘을 발휘할 수 있을 것이다. 엄마의 필살기
는 곧 남편으로부터 나온다는 사실, 아내도 남편도 함께 기억해야 하
지 않을까?

"저는 책을 읽으면서
아, 나도 저런 넓은 데 그리고 중요한 데 가야겠다,
이런 생각을 했었던 것 같아요."

생각 셋

■ 모두가 1등인 학급, 방학이 싫은 아이들

최근의 학교 교육은 지나친 사교육을 부추기는 요인 중 하나라 해도 과언이 아니다. 소소한 활동 하나하나에도 순위를 매기며 경쟁을 부추기는 시스템, 선생님 말을 잘 듣는 착한 아이와 선생님을 힘들게 하는 나쁜 아이로 구분 짓는 교실. 그런데 서울 도심 한복판 학교 안에서 선생님의 노력으로 아이들이 변화하고 있고 학부모도 달라지고 있다는 이야기를 우연히 듣게 되었다. 지인으로부터 소개받은 C 씨는 딸아이의 담임 선생님을 '최고의 선생님'이라고 칭찬을 아끼지 않았다. 학급 아이들과 학부모들 모두가 같은 마음이라고 했다. C 씨와 나눈 이야기를 옮겨 본다.

● 현재 아이의 학급이 예전 학급이나 다른 학급과 비교하여 어떤 점이 다른가요?

5학년은 보통 사춘기를 시작하는 아이들이 많기 때문에 교사들로서는 기피하고 싶은 학년이라고 해요. 엄마들도 알지요. 얼마나 애들이 반항하고 딴짓하는지. 더군다나 이 반에는 선생님들 기피 대상 1호로 불리는 '학교 짱'도 있었어요. 어떤 애냐면, 수업 시간이 제일 싫다고 수업 시간마다 잠을 자거나 양호 실로 직행하던 아이래요. 머리는 닭 벼슬 같은 베컴머리를 했다가 또 색색으로 염색도 했다가. 그런데 그런 아이도 이번에 완전히 바뀌었어요. 한 학기도 되지 않아서요. 우리 아이가 그러는데 걔가 수업 시간이 제일로 재미있다고 했대요. 그리고 처음으로 성적이 올랐으면 좋겠다는 말도 했다고 그러더라고요. 그런데 그 아이뿐만이 아니에요. 우리 딸도 그렇고 반 아이들도 전부 수업이 재미있다고 해요. 방학이 싫다고 하고요. 하하하

● 놀라운 일이네요. 선생님이 어떻게 지도하셔서 그럴까요? 지난 4년의 학교생활과 어떤 차이가 있다고 아이들이 그러던가요?

우선 선생님은 아이들을 쉽게 야단치지 않는다고 이야기해요. 예를 들면 그 심각한 말썽쟁이 아이가 처음 학교에 왔을 때는 베컴머리를 하고 왔대요. 다른 선생님들은 보자마자 "너 머리가 그게 뭐냐? 당장 바꾸고 와라." 뭐 이러셨을 텐데, 그 선생님은 그 아이를 보고 "와! 너 머리 진짜 멋지구나. 너의 개성을 잘 표현하고 있다." 그러셨대요. 절대 빈정거리거나 야단치는 말투가 아니라 진정한 말투로요.

● 교실 일을 어떻게 그렇게 잘 아세요? 아이가 이야기를 많이 하나 봐요.

이야기를 많이 해서 알기보다는요. 5학년 들어가면서 이 선생님은 「마중물」이라는 신문집을 일주일에 두 번 만드세요. 글은 전적으로 아이들이 쓰고요, 선생님은 아이들이 쓴 글을 편집하고 약간씩 코멘트를 달아서 신문 형식으로 만들어 아이들에게 나누어 주거든요. 마중물이란 게 원래 우물물을 퍼 올리기 전에 먼저 물을 넣어 주는 것을 말하잖아요. 왜 펌프질을 하기 위해 물을 넣어 줘야 하잖아요. 이것을 통해 아이의 생각을 끄집어내고 소통을 시키는 첫 시도라고, 또 이걸 통해 학부모들이 아이들을 이해할 수 있는 통로를 만든다고

말씀하셨어요. 어쨌든 「마중물」 덕분에 학급에서 어떤 일이 있고 아이들은 어떤 생각을 하는지 서로 알 수 있고, 선생님뿐만 아니라 저희 같은 학부모들도 함께 공유할 수 있어서 참 좋아요. 저도 그걸 보면서 이런 일이 있었고, 우리 애뿐만 아니라 다른 애들이 어떻게 일주일 동안 학교생활 했는지 알 수 있죠. 그걸 통해서 알게 되었어요.

● 선생님이 특별히 강조하는 것은 어떤 것인가요? 수업이나 지도에 어떤 특징들이 있어요?

처음 3월 학부모 회의 때 선생님이 올해 아이들이 책을 많이 읽고 글도 열심히 쓰는 한 해가 되도록 하겠다, 그러셨어요. 그런데 정말로 아이들이 책을 굉장히 열심히 읽어요. 각자가 읽고 싶은 책을 체크해서 매달 어느 정도 읽었는지 이야기하게 하시더라고요. 그리고 스스로의 생활을 관찰하고 이를 토대로 일기를 매일 쓰게 해요. 그리고 선생님은 아이들의 일기를 읽고 아이들과 상호 작용을 할 때 항상 그것을 언급해 주신대요. "그래, 네가 지난번에 이런 일이 있었고 그때 이렇게 생각했었지. 그래, 네 말이 맞는 것 같다." 이런 식으로 일기나 글을 통해 아이가 생각하고 경험한 것을 기억해 주시고 그것을 이야기해 주신대요. 그래서 애들은 선생님이 자기들에게 관심이 항상 많다고 생각해요. 좋은 책을 읽는 것, 그리고 글쓰기를 강조하시고. 아, 또 체육도 중요하게 강조하신다고 그래요.

그리고 특징이라고 물어보셨죠? 5학년인데 일단 아이들이 남녀 모두 굉장히 친해요. 그전에는 여자애들끼리 남자애들끼리 놀고 공부했는데, 워낙 프로젝트 수업이 많이 진행되면서 남녀 구분하지 않고 모두 친한 것 같아요. 남녀 구분을 하지 않습니다. 그리고 왕따가 없는 반이라고 자랑스럽게 이야기해요. 워낙 선생님과 아이들이 서로를 잘 알고 그래서 그런지 왕따 그런 게 전혀 없다고 해요. 그리고 재미있는 이야기지만 지난 여름 방학 때 애들이 울었대요. 방학 싫다고요. 그냥 수업하고 싶다고 그랬다네요.

아까도 이야기한 것처럼 선생님은 35명 모든 아이들을 정말로 자세히 관찰하신대요. 또 대부분의 선생님들이 자신의 관점에서 편견을 가질 수 있는 상황에서도 절대 아이를 나무라거나 빈정대지 않고 항상 진지하게 이해해 준다고 하네요. 저도 전에 「마중물」에서 본 적이 있는데, 한번은 교실에서 '팽이 돌리기 대회'를 한 적이 있었어요. 각자가 만들어 와서 돌리는 것인데, 어떤 아이가 작은 팽이로 열심히 돌린 것을 기억하시고 「마중물」에 그렇게 쓰셨어요. "여러분들이 큰 팽이, 화려한 팽이로 자신의 것만 돌리느라 몰랐겠지만, 우리 반에서 가장 오랫동안 팽이를 돌린 아이는 사실 ○○였다. 굉장한 순간이었다." 이렇게요. 워낙 조용한 아이라 다른 아이들은 몰랐었나 봐요.

아, 아까 그 말썽쟁이 있잖아요. 그 아이가 여름 방학 전에 머리를 얌전하게 하고 왔더래요. 선생님이 "어? 머리가 바뀌었네? 왜 바꿨니?" 물어보셨대요. 그랬더니 아이가 하는 말이 "네. 그 머리는 공부하는 데 방해가 되더라고요." 그랬다고 하네요. 엄마들이 참 대단한 일이라고 했어요.

누구에게나 관심을 주고 사랑을 주는 선생님. 각자의 재능을 발견해 주고 그것을 토대로 아이가 스스로를 자랑스럽게 여기도록 만드는 선생님. 스스로 맡은 것에 대해 책임질 수 있도록 이끄는 선생님. 누구나 만나고 싶은 선생님이다. 만약 이러한 선생님을 만난다면 어느 누구든 멋진 삶을 목표로 삼게 되지 않을까?

C 씨의 딸아이가 다니는 학급의 아이들이 무척이나 부러운 하루였다.

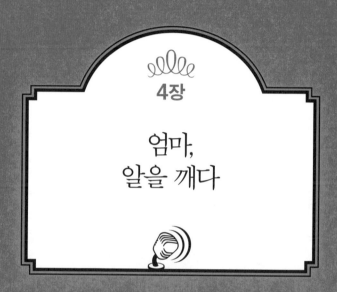

4장

엄마,
알을 깨다

엄마 리더십
"내 자식만 잘 키우면 되나요?"

엄마는 미래 사회의 중요한 구성원을 키워 낸다. 이는 엄마 역할의 가치를 설명해 주는 가장 확실한 팩트이다. 그렇다면 사회에서 그토록 중요한 역할을 하는 엄마에게 우리는 사회적인 리더로서의 역할을 요구할 수 있지 않을까? 이른바 '엄마 리더십'에 대해 이야기해 보아야 하지 않을까?

나는 서울대 엄마들을 만나면서 무언가 답답함을 느꼈다. 처음에는 그 이유를 잘 감지할 수 없었다. 일과 가족을 양립하느라 어려움을 겪는 그녀들이 가여워서 그런가 하는 생각만 해 볼 뿐이었다. 그러다 시간이 흐르면서, 내가 느낀 답답함은 엄마들이 스스로의 엄마 역할을 과소평가하고 있으며, 엄마로서 발휘해야 하는 사회적인 책임이나 리더십을 간과하고 있기 때문이라는 생각을 해 보았다. 자신이 '엄마'라는 이름으로 하고 있는 활동들이 어떠한 사회적 의미를 가지는지 성찰이 부족한 그녀들에게서 나의 모습이 겹쳐져 보였고, 그래서 안타까웠다.

그녀들은 우리 사회가 서울대 출신이라는 이유만으로 부여해 준 "승점 1점"을 분명 인지하고 있었다. 사회에 진출할 때나 조직 내에서 경쟁할 때와 같이 결정적인 순간에 그 승점 1점은 늘 "안전망" 같은 역할을 해 주었다. 살아오는 동안에 서울대 꼬리표가 도움이 되었다면 아마도 그 승점 1점에 대한 인정 같은 것이리라. 따라서 자신이 일하는 영역에서 열심히 일함으로써, 다시 말해 서울대 출신의 직업인 또는 전문가로서의 역할에 충실함으로써 사회의 호의를 되갚아 주어야 한다는 고민을 그녀들에게서 확인할 수 있었다.

그런데 그녀들은 유독 '엄마'로서 자신의 활동이 갖는 사회적 의미에 대해서는 과소평가하거나 거리 두기를 하는 모습을 보였다. 교수인 성아 씨, 전문직 공무원인 미진 씨도 비슷한 맥락에서 이야기를 했다.

조성아 학자로서 리더십을 생각한 적은 있어요. 학자로서는 내가 쓴 이 글이 새로운 전환이 되어서 정책적으로 도움이 되었으면 좋겠다든가, 하는 생각을 한 적이 있죠. 그런데 아이를 키우는 데 있어서 어떤 사회적 요구 같은 것은 생각해 본 적 없어요.

● 엄마들은 꼭 '일' 영역에만 리더십이 제한되어 있다고 생각하는 것 같아요.
그런데 나는 엄마이기도 하고, 아내이기도 하고, 직업인이기도 하고, 동네 주민
이기도 하잖아요. 내 역할은 전방위로 다 이루어지고 있는데, 왜 엄마로서의 역
할과 직업인으로서의 역할을 분리해서 생각하는 건가 하는 의문이 들었어요.
아마도 아직은 내가 자신이 없기 때문이겠죠. 일단 내가 하는 일이 아
직은 안정되어 있지 않고요, 아이를 키우고 가정사를 꾸리는 것도 지
금 버거우니까. 그리고 자신이 없다는 것도 있죠. 내가 교육적인 철학
이라든가 이런 게 확고하지 않은 거죠. 그것도 공부를 해야 할 것 같
네요.

양미진 리더십이라는 게 좀 뜬금없는 거 아닌가? 어떻게 보면 잘난 척
이 될 수 있잖아요. 그렇게는 못 할 것 같아요. 만약 엄마들이 사교육
시켜야죠, 당연히 시켜야죠, 이런 이야기를 한다 쳐요. 그럴 때 제가
꼭 그래야 되나요, 전 싫은데…… 이렇게는 이야기 안 한다는 거죠.
가만히 있죠, 그 자리에서는. 왜냐하면 내가 그렇게 이야기하면 저 사
람들이 어떻게 생각할지 모르니까. 솔직히 나도 내 앞일을 알 수 없
고. 나중에라도 아이한테 정말 사교육 안 시키면 턱도 없겠다, 이렇게
느낄 수도 있잖아요? 그런 의미에서 나는 아무 말도 안 하겠다는 거

죠. 내가 누군가를 가르치는 강사의 입장이 된다면 얼마든지 할 수 있는 이야기지만요. 그렇지 않은 상태에서 내가 그냥 나서서 사람들을 교화하듯이 그렇게는 못 할 것 같아요. 그렇게 하는 건 너무 오지랖이지 않나 싶은데요. 나대는 것 같다고 해야 하나? 그렇게 보이고 싶은 생각은 추호도 없죠. (중략) 서울대 프리미엄이라는 것도 어떤 식으로 환원해야 한다고 생각하면 거기엔 동의를 하지만, 그게 뭐 자녀 교육이라든가 엄마 역할에 대한 가치관으로 환원이 되어야 하는 건지는 잘 모르겠어요. 방법론적으로도 쉽지 않은 것 같고. 자칫 나대고 그래 보이기가 쉽지 않나? 엄마들이 자기 아이 키우는 것에 대해서는 어떤 식으로든 나름의 생각이 있을 거잖아요. 그런데 내가 그것에 대해 책임져 줄 수 있는 건 아니지 않나, 이런 생각이 드는 거죠.

우리는 아이를 잘 키우는 것만 생각하지, 아이가 어떤 사회에서 누구와 함께 살아갈 것인가에 대해서는 별로 관심을 두지 않는다. 막연하게, 잘 공부시켜 놓으면 '끼리끼리' 살면서 '엄한 사람들과 섞이는 피해'는 보지 않을 것이라고 기대한다. 그러다 보니 '내 자식만 잘되면 된다'는 논리로 비약되고, 실제로 많은 엄마들이 '더불어 삶'을 간과한다. 엄마들은 자신이 하는 일에 대해서는 어떤 식으로든 사회에 기여하고 싶다는 뜻을 가지고 있으며, 실제로 그러기 위해 노력한다. 하지만 '엄마'로서 하는 작은 행동 하나가 우리 아이들이 사는 미래를 결정할 수 있다는 인식이 부족하고, 엄마의 사소한 활동이나 결정이 가지는 사회적인 의미에 대한 성찰도 요원하다. "나대는 것으로 비칠까 봐서요", "아직 공부가 부족해서요", "스스로 확고한 철학이 없어요" 이런 이유들을 대며 엄마 리더십을 발휘할 필요성조차 인식하지 못하고 있는 것이다.

『리더십의 정수 The Essence of Leadership』의 저자인 로크 Edwin A. Locke는 리더십을 설명하면서 '관계'와 '과정'을 강조했다. 다시 말해, 리더십은 구성원들과의 관계 속에서 형성되는 역동적인 현상이므로, 서로 간의 이해와 원활한 의사소통 그리고 인간적인 유대를 돈독히 할 필요가 있다고 주장한다. 또한 리더십이라는 것은 계속적인 교류와 지속적인 과정을 통해 하나의 상태에 고착되지 않는 것이며, 이를 통해 바람직한 목표와 비전을 설정해 갈 수 있다고 설명한다. 그렇다면 엄마 리더십이라는 것은 무엇일까? 우리는 미래의 보물들을 잘 품고 부화시켜야 하는 막중한 임무를 가진 이 사회의 구성원들이다. 서로 힘을 보태고 밀고 끌어서 바람직한 엄마 역할에 관한 비전을 함께 공유해 가야 하는 의무가 있다는 말이다.

나는 서울대 엄마들에게조차도 엄마 리더십을 발견할 수 없다는 점에 쓸쓸함을 느꼈다. 그러면서 우리 사회의 엄마 역할이 흔들리는 부표처럼 제자리를 찾지 못하는 것은 어쩌면 엄마들 스스로가 이 사회의 당당한 리더라는 것을 인식하지 못하고 있기 때문이며, 그렇기에 제대로 된 리더십을 가질 수 있다는 것은 물론, 가질 필요가 있다는 것조차도 인식하지 못하기 때문은 아닐까, 하고 생각하게 되었다.

스스로 모자라다고, 또는 잘났다고, 모르쇠로 일관하며 내 아이 잘 키우는 데만 열중하는 엄마들의 모습. 당신은 어떠한 엄마인가? 자신이 엄마로서 지향하는 가치나 선택이 가까운 미래, 우리 아이들 모두의 삶에 어떠한 영향을 미칠 것인가를 생각해 보아야 하지 않을까? 엄마 역할에 따른 책임을 공유하고 가치를 성찰하는 '엄마 리더십'. 이제는 함께 논의해 보아야 할 때이다.

엄마,
흔들리지 마!

'전형 종류만 3천 개가 넘어서 학생도 학부모도 심지어 교사까지도 제대로 아는 것이 없다.'(중앙일보, 2012. 8. 11)

'고교 다양화라는 명분으로 시작된 고교 서열화 그리고 초등학생부터 시작된 입시 전쟁'(프레시안, 2012.12.13).

매년 달라지는 교육 제도와 정책에 대한 뉴스들을 우리는 거의 매일 만날 수 있다. '대치동 키즈'*, '대전동 아빠'**, '엄마 사정관제'***등의 신조어가 수도 없이 양산되는 오늘날의 교육 현실 속에서

---

* 특목고 진학을 위해 대치동 학원에서 하루를 보내는 초등학생
** 교육을 위해 대치동에 전세를 얻어 이사하는 아빠
*** 엄마의 정보력과 자녀 관리에 좌우되는 입학사정관제의 실상

과연 어떤 엄마로 사는 것이 바람직할까? 나 역시 엄마로서 고민 중이다.

인터뷰에서 만난 서울대 엄마들 역시 내용은 다르되 본질은 같은 고민을 안고서 살고 있었다. 어차피 한국 사회를 떠나 살아갈 수 없으니 기성의 제도나 정책 안에서 충실하게 적응하며 사는 것이 가장 나은 대안이라고 말하는 엄마도 있었다. 돌파구를 찾는 차원에서 조기 유학이나 대안 교육을 선택하는 것이 낫다는 엄마, 아니면 사회의 요구를 초월하여 자신만의 페이스대로 레이스를 펼쳐 나가겠노라고 말하는 엄마도 있었다. 이도저도 아닌 채로 주변의 눈치를 살피며 어떤 선택도 하지 못한 채 오락가락 흔들흔들하는 엄마들도 많았다. 이는 현재 대한민국에서 아이들을 키우는 모든 엄마들이 가지고 있는 선택지의 범주와 크게 다르지 않을 것이다.

나는 윤수 씨와 귀족형 대안 학교나 조기 유학 등에 관한 이야기를 나누었다. 윤수 씨는 다른 엄마들의 선택에 대해서 왈가왈부할 것은 아니지만, 본인의 선택지에는 그와 같은 답안이 없다는 점을 분명히 했다. 특히 윤수 씨는 시민의 사회 참여나 변화 등을 자신의 중요한 가치관으로 꼽았는데, 그렇기 때문에 공교육에 아무리 문제가 많더라도 부모와 아이 모두 정면 승부하는 것이 가장 나은 선택이라고 믿는다고 했다.

송윤수 저는 대안 학교나 조기 유학 이런 것에 대해서 약간 부정적으로 생각해요. 어차피 한국 사회에서 살아가려면 똑같이 겪고 똑같은 문제를 풀어 나가는 게 맞을 것 같아서죠. 그래서 저는 대안 학교에 대해서 별로 생각하지 않아요. 누가 보낸다고 하면 그런가 보다. 그렇지만 우리 애를 보내고 싶은 생각은 없어요.

현재 학부모들이 가장 흔하게 접할 수 있는, 또는 나의 화두로 삼고 있는 단어를 꼽으라면 단연코 '기러기 가족'이나 '교육 이민'이 거론될 것이다. 그만큼 우리 사회가 구성한 제도와 정책에 신물을 느끼거나 한계를 체감하고, 그 돌파구로 제3의 국가에서의 교육 및 정착을 꿈꾸는 사람들이 많은 것이 현실이다.

신혜 씨는 인터뷰 중에 근심 가득한 얼굴빛을 한 채 대학 동창의 이야기를 들려주었다. 신혜 씨의 친구는 현재 호주에 거주하고 있는데, 자녀 교육과 관련된 하소연을 할 일이 있으면 신혜 씨에게 종종 국제 전화를 걸어 속풀이 수다를 떤다고 한다. 신혜 씨는 과열된 경쟁적 분위기나 수시로 변화하는 제도에 아이들뿐만 아니라 부모들조차 적응하는 것은 쉽지 않다며, 교육 이민을 선택하는 사람들의 입장을 백번 이해한다고 했다. 특히 과도한 경쟁 분위기가 아이들의 마음을 병들게 하고 있고, 그것은 결코 '나의 아이'의 문제가 아닌 '우리 모두'의 문제라고 지적했다.

박신혜 어딜 가나 요즘 엄마들은 다 열심이죠. 그런데 적응하는 게 쉽지 않은 게 문제인 것 같아요. 제 대학교 같은 과 친구가 있는데 지금은 호주에 이민 가 있어요. 그런데 걔도 직장을 좀 다니다가 결혼을 하고 나서 전업주부로 있게 되었는데, 잘 키워 보겠다고 여의도에 살다가 강남으로 이사를 갔어요. 아이가 6학년 됐을 때 간 거죠. 그 친구 말고도 저희 과 친구들도 보면 아이가 좀 크면 웬만하면 강남으로 가요. 그런데 아이가 가서 왕따 비슷하게 당한 거예요. 아이들이 어른이 생각하는 이상으로 너무나도 상처를 세게 주는 거예요. 문자 보낸 걸 보면, 어휴. 제 친구도 교육열이 높고, 아이를 위해서 주위 엄마들하고도 적극적으로 잘 지내고 그렇게 했거든요. 그런데 아이가 그런 상황이 오고, 또 다른 엄마들하고 접해 보면서 엄마들의 이기적인 모습에 충격을 받았던 것 같아요. 그러면서 6학년 때인가 호주에 어학연수를 보냈는데, 6개월이 지난 후에는 아이가 안 돌아오려고 하는 거예요. 자기는 안 오겠다고. 그래서 결국에는 이민을 갔어요.

이야기의 말미에 신혜 씨는 사회가 요구하는 제도와 정책에 잘 순응하든, 순응하지 못하고 포기하든 결국은 엄마가 오롯이 아이를 잘 키울 수 있는 세상은 이제 불가능한 것 같다는 의견을 피력했다.

나는 '엄마의 정보력이 자녀의 학업적 성공의 원천'이라는 분위기에 압도되어 사회가 요구하는 엄마 역할을 한번 제대로 해 보자고

작심한 적이 있었다. 때마침 유명 학원이 주관하는 입시 설명회가 열린다는 소식을 듣고 찾아가 보았다. 대형 강의실 초입에서부터 초조한, 비장한, 혹은 살벌한 학부모들의 분위기에 주눅이 들었다. 강의실에는 수많은 학부모들이 입추의 여지도 없이 자리를 잡고 설명회가 시작되기만을 기다리고 있었다. 그때 등장한 강사는 자신이 최근 수년간의 대학 입시 관련 정보와 통계 수치를 정확하게 꿰뚫고 있으며, 지금까지 이 믿을 만한 데이터를 토대로 아이들의 입시를 철저하게 준비시켜 왔다는 점을 누차 강조했다. 그러면서 소위 명문대를 졸업한 학부모들에게 '경고'했다.

"부모님, 아직까지도 자신들이 경험한 입시나 공부 방식만 고집하고 계십니까? 그러시다면 땅을 치고 후회할 것입니다."

입시계의 마이더스라는 그의 예언에 나를 비롯해, 함께 간 엄마들은 더 큰 불안감과 좌절감을 느꼈다. 그의 신랄한 예언은 계속 이어졌다.

"명문대학이나 서울의 상위권 대학에 갈 만한 아이들은 고등학교를 선택하는 과정에서 이미 결정이 났습니다. 자, 그러면 나머지 아이들은 어떻게 되겠습니까? 바로 부모들이 앞으로 어떤 처신을 하느냐에 따라 in 서울을 할 수 있느냐, 아니냐 하는 것이 결정이 되겠지요. 웬만한 이름 있는 대학에 들어가는 것은 어지간한 엄마의 정보력과 아빠의 자금력이 확보되지 않는다면 현실에선 불가능한 일입니다. 그건 아시죠!"

강사의 이야기가 거듭될수록 나는 두 손 두 발 다 들고 싶은 심정이었다. 그는 마치 나의 속에 들어왔다 나온 것처럼, 나의 실체 없던 불안을 마구 파 헤집어 도륙 내고 있었다. 끊임없이 변화하는 교육 제도와 현실을 제대로 알지도 못하고 적응하려 노력하지도 않는 너의 죄를 네가 알고 있느냐, 네가 얼마나 아이에게 큰 죄를 짓고 있는지를 깨닫고나 있느냐, 라며 나를 훈시하고 있다는 착각에 빠져들었다.

그런데 며칠 후 더 놀랄 일이 생겼다. 함께 입시 설명회를 다녀온 엄마로부터 아이를 미국 학교에 보내기로 결정했다는 소식을 전해 들은 것이다. 강사의 훈시(?)를 들으며 그녀는 대한민국 입시 정책에 도저히 편승할 자신이 없다고 느꼈고, 그래서 아예 우리 교육 현실을 벗어나기로 결정했다고 했다. 그렇게 그녀는 말 많고 탈 많다는 교육 제도와 정책에 항복하고 만 것이다. 부모들은, 특히 엄마들은 자녀 교육을 위해 어떠한 선택을 하든, 사회가 강제하는 기준과 지침으로부터 자유로울 수 없다. 매년 바뀌는 제도와 정책에서 엄마들이 해탈하기는 불가능하며, 엄마들의 선택은 언제나 사회적 의미를 상실한 채 '지극히 개인적인 선택'으로 그치고 만다.

그렇다고 절망스러운 것만은 아니다. 제도나 정책에 따라 춤추지 않고 자신이 정한 원칙이나 신념을 지켜 가며 아이를 키우는 엄마들도 분명히 많으리라. 선희 씨는 초등학교 입학을 앞둔 딸아이를 데리고 독일에 유학을 다녀왔다. 독일에서의 짧지만 강렬한 경험이 자양분이 되어 선희 씨는 시류에 흔들리거나 갈등하지 않고 아이를 키울 수 있는 것 같다고 했다.

윤선희 독일에서 학교 다닐 때 딸아이는 정말로 아무것도 모르고 학교에 들어갔어요. 내심 ABC도 모르고 잘 따라갈 수 있을까, 하는 걱정을 했는데 학교 적응을 잘하더라고요. 그런데 알고 보니 독일의 학교 방침은 입학 전 선행 학습을 절대로 시키지 못하게 되어 있다는 거죠. 처음 입학식 날 교장 선생님이 "너희는 무엇을 할 줄 아니?" 하고 물어보셨는데 "저는 ABC 대문자는 할 수 있어요." 이렇게 이야기하는 아이들도 별로 없었어요. 그러니까 독일 아이들은 학교에 들어가면서부터 배우는 것이 시작되는 거예요. 누구나 다 똑같이요. 그래서 한국에서 살다 갑자기 독일 학교에 입학한 딸아이도 받아쓰기 시험을 보면 오히려 옆의 독일 짝꿍에게 가르쳐 줄 수 있었죠. 애들이 말은 할 수 있어도 받아쓰기 철자 이런 걸 배우지는 않았으니까 잘 모르더라고요. 그냥 모든 아이들이 함께 시작한다는 것이 참 좋았어요. 딸아이가 처음 가서 힘들 수도 있었을 텐데 스트레스 안 받고 잘 따라갔던 것 같아요. 생각해 보면 그렇게 해도 아이들이 다 잘할 수 있는데 우리나라에서는 선행 학습이다 뭐다 그러면서 애들을 너무 잡는 것 같아요. 독일에서는 학부모들에게 부담을 거의 안 주거든요. 선행 학습 시키지 말라고 직접 언급하시고, 또 학부모들이나 아이들도 그런 학교의 방침을 잘 따르고 있어요. 처음부터 기본기를 전부 갖춰야만 따라갈 수 있도록 교육 과정을 구성한 우리나라하고는 다른 거죠. 독일의 초등학교는 처음부터 아이들이 다 같이 함께 배우는 것이기 때문에 아이들 수준에서 벗어나는 숙제를 내준다든가 해서 학부모를 힘들게 하지도 않았어요. 한국에 와서 보니, 학부모의 개입 없이는 교육이 이루어지지 않는 것 때문에 너무 스트레스를 받는 거예요.

선희 씨는 우리나라와 많이 다른 독일의 교육 제도와 시스템을 접하면서 사회가 요구하는 제도와 지침이 개인의 삶에 매우 큰 영향을 끼치고 있다는 것을 몸소 경험했다. 특히 독일 학교에서 배운 '학습의 자세'는 선희 씨가 한국으로 돌아온 지금까지 긍정적인 영향을 주고 있는 듯 보인다. 한국의 교육 환경에 적응하는 것이 쉽지만은 않지만, 선희 씨는 적어도 자녀 교육과 관련해서는 조급하게 생각하지 않고, 아이를 믿고서 천천히 가려고 노력하고 있었다. 외부의 자극에 흔들린다거나 일희일비하지 않기로 한 선희 씨의 결심은 한국 초등학교의 학부모가 되면서도 변하지 않은 것이다. 선희 씨는 교육의 문제는 제도나 분위기에 얽매이지 않는 개인의 의지 또는 선택으로도 극복할 수 있는 부분이라고 이야기했다.

윤선희 저는 아이를 영어 학원에 보낸다거나 집에서 특별히 시킨다거나 하지도 않거든요. 조급증은 솔직히 나지 않아요. 저는 그냥 기다려 주는 게 좋은 것 같고, 애가 제일 중요한 거 같아요. 아이 성향이 어떤지. 다른 사람들 분위기라든가 제도라든가 이런 게 중요한 건 아닌 것 같아요. 제가 서울대 출신이지만 그렇다고 해서 지금 뭐 굉장한 일을 하면서 사는 것도 아니잖아요. 그렇기 때문에 공부 잘한다고 해서 뭐 꼭 대단한 사람이 되는 것도 아니고요. 저는 정서적인 면을 굉장히 신경 쓰는 거죠. 요즈음 학교 폭력이니, 심지어 최근에는 엄마를 죽이는 일도 있었잖아요. 그런 사건들을 보면 애들이 마음이 병들어 있는 것 같아요. 그건 결국 공부 스트레스가 커서 그런 거잖아요. 모든 게 다 공부만 잘하면 만사 오케이다, 무슨 짓을 해도 다 오케이다, 그런 것에 대해서 우리가 신경 써서 해결해야 하는 거죠.

선희 씨는 나직하지만 확신에 찬 어조로, 지금 당장에 딸아이가 영어를 유창하게 구사하고 경시대회 수준의 수학 문제를 잘 풀어내는가는 하등 중요한 문제가 아니라는 점을 강조했다. 그보다 삶을 향한 긍정적인 태도나 부모와의 정서적 교감이 더욱 중요하다는 소신은 한국에 돌아와서도 변함없다고 확고히 말했다.

벌써부터 내년도 입시 제도와 정책으로 어수선하다. 그리고 이를 바라보는 엄마들은 불안하고 초조하다. 새로운 입시 전형을 아무리 들여다보아도 대체 무슨 뜻인지 모르겠고, 안다손 치더라도 속수무책이다. '전문가'의 컨설팅을 받으면서도 과연 이들이 우리 아이의 앞길에 정답을 제시하고 있는 것일까, 의심하게 된다. 끊임없이 바뀌는 입시 제도에 흔들리며, 따라가지 못한다고 자책하는 엄마의 모습. 이는 비단 나만의 문제가 아니다. 당신, 그리고 우리 모두의 문제인 것이다. 그런데 다시 한 번 생각해 보자. 왜 불안한가? 왜 흔들리는가? 제도와 정책의 변화에 왜 끊임없이 흔들리고 춤추고 있는가? 고민해도 답이 없는 문제라고 넋 놓고 있을 것인가?

좋은 교육 정책을 가진 나라의 부모와 아이들이 더 행복하고 덜 힘들게 사는 모습을 어렵지 않게 볼 수 있다. 남들보다 우월한 사람으로 만드는 것을 목표로 하는 대신, 사회적으로 함께 어울릴 수 있는 좋은 사람을 만드는 것을 공교육의 목표로 하는 선진국의 사례를 보면서, 교육이라는 것이 부모의 참여와 변화 없이는 앞으로 나아갈 수 없다는 사실을 확인할 수 있었다. 내 아이만 잘되면 그만이라는 비상식적인 교육열, 그리고 대학 서열화와 학벌주의로 인한 입시 위주의 경쟁 교육은 공교육 불신과 사교육 기승으로 이어지면서 교육 양극화, 학교 폭력과 같은 사회 병리 현상으로 나타나고 있다. 좋은 방향으로의 제도 개선이 필요하다고 말은 하고 있지만, 그러한 변화의 핵심이 부모의 참여에 있다는 인식은 없다. 변화는 불가능하다며 지레 겁먹고, 스스로가 그 주체가 될 수 있다고는 생각하지 않는다.

이리저리 흔들리면서 만신창이가 된 나, 당신, 그리고 우리 모두를 위해 고민해 보자. 참여해 보자. 고민과 참여가 변화의 핵심이 될 수 있다. 변화는 어느 날 아침에 그냥 이루어지는 것이 아니다. 치열하게 고민하고 참여한 끝에 찾아오는 선물인 것이다. 그렇다면 구체적으로 무엇을 고민하고 어떻게 참여할 것인가? 그것은 이 책을 읽는 당신의 몫으로 남겨 두려 한다.

엄마의 힘은
무엇으로 보여 줄 수 있을까?

엄마가 아이에게 보여 줄 수 있는 '힘'이라는 것은 무엇일까? 엄마의 어떠한 모습을 보면서 아이는 엄마를 닮고 싶다고, 엄마가 자랑스럽다고 생각할까? 아이가 엄마를 부정하지 않고, 온 마음을 다해 긍정하는 것이 가능한 지점은 어디일까? 대개의 경우 부모, 특히 엄마의 삶은 늘 부정되기가 쉽다. 엄마 냄새, 따뜻한 미소, 또는 야무진 살림 솜씨는 닮고 싶고 그립기도 하지만, 엄마가 살아온 삶의 길을 흉내 내고 싶다거나 따라가고 싶다는 이야기를 듣는 경우는 거의 없다. 좋은 어머니, 좋은 아내로서의 삶은 일견 닮고 싶기도 하지만, 인간 ○○○로서의 삶에는 매력을 느낄 수 없는 경우가 대부분이다. 그렇다면 나는, 그리고 당신은 아이에게 어떠한 모습으로 기억되고 싶은가? 어떠한 매력을 가진 인간으로 비추어지기를 바라는가?

이와 관련해 이정 씨는 의미심장한 이야기를 들려주었다. 이정 씨는 자신의 삶을 "제대로" 사는 것이 가족들로부터의 인정과 존경을 받는 방법이라고 생각한다 했다. 가족에게 무엇인가를 잘해 주어서 인정을 획득하는 것이 아니라, 그저 자신이 스스로 살아가는 삶을 통해 존재를 증명하고 싶다는 것이다.

심이정 그냥 심이정이라는 인간 그 자체를 아들이 존경해 줬으면 좋겠어요.

● 우리는 위인들을 존경하잖아요. 그러다 보니 존경이라고 하면 거리감이 느껴지는데, 이정 씨한테 존경은 어떤 의미인가요?

제가 운이 좋은 것 중에 하나가 주변에 존경할 만한 사람들이 되게 많아요. 제 주변 선생님들 중에, 사시는 방법이라든가 인품, 가치관, 사람을 대하는 태도가 존경스러운 분들이 정말 많거든요. 운 좋게도 학교에서 그런 존경할 만한 선생님들을 만나고 그래 왔기 때문에 존경이라는 것이, 삶의 방식 자체가 나에게 감동을 주면 그게 존경이다, 라고 생각해요. 존경이 어려운 의미가 아니라는 거죠. 저한테 감탄을 주거나 감동을 주거나 할 수 있는 사람들을 존경하는 것이고, 그런 의미에서 아들이 제 삶을 보면서 그런 것을 느꼈으면 좋겠다는 거죠.

● 배우자에게도 마찬가지일까요?

비슷할 것 같아요. 자랑스러운 마누라. 심이정이라는 인간 자체가 자랑스러운 거죠.

● 자랑스러운 배우자가 되려면 뭘 해야 하는 걸까요?

특별한 건 없어요. 그냥 스스로 열심히 살아요. 제가 사는 제 영역에서요. 내가 내 삶을 제대로 잘 살면 그게 남편이나 자식한테 인정받고 존경받는 거다, 라는 생각을 하는 거죠. 내가 뭔가를 해 줘야 한다는 건 부담스럽죠. 능력이 안 돼서 못 해요. 잘해 주기보다는 내가 스스로 잘한다는 생각을 가지고 있는 거예요.

자신을 위한 삶, 스스로에게 몰입하는 삶이 아이와 배우자를 위한 삶이기도 하다는 이정 씨의 고백은 자식에게, 가족에게 매몰되어 살아가기 쉬운 여성들에게 죽비 소리 같은 느낌으로 다가올지도 모르겠다.

보애 씨도 이와 비슷한 메시지를 전하고 있다. 지방에서 나고 자라, 시쳇말로 '과외 한 번 없이' 서울대에 입학한 보애 씨는 스스로를 "자생적으로 큰 아이"라고 정의하고 있다. 보애 씨가 가진 자생력은 대학 졸업 이후 사회인으로서의 삶, 그리고 현재 엄마로서의 삶에도 영향을 주고 있다. 말하자면 사회생활과 엄마 역할 모두를 적극적으로 받아들이고 도전하는 힘이 된다는 것이다. 그렇기에 보애 씨는 주변 사람들의 도발에도 아랑곳하지 않고 자신의 길을 걸어갈 수 있으며, 그렇게 걷는 걸음이 딸에게 긍정적인 영향을 미치게 될 것이라 자신하고 있다.

이보애 여기 이 동네에도 재테크 잘하시는 분들은 장난이 아니거든요. 그러니까 그런 분들은 대놓고 막 말씀하세요. 자기는 맞벌이하고 그런 엄마들, 특히 서울대씩이나 나올 만큼 피 터지게 공부한 그런 여자들 보면 불쌍하다고요. 집에서 애 키울 것 다 키우고도 집 한 번 잘 사고팔면 1억 이상씩 남고 이런데. 사실 회사에서 억대 연봉 그렇게 쉽지 않아요. 그냥 회사에서 일해 가지고는 어렵죠. 그런 분들은 저같이 가정일 하랴, 사회일 하랴, 노상 뛰어다니는 사람들 불쌍하다 그러더라고요.

● 느낌이 어떠세요, 그런 이야기 들으면?
그건 가치관의 차이 아닐까요? 내가 어떤 일을 목표로 하고 그것을 성취했을 때 느끼는 느낌이나 기분, 그 사람들은 모르는 것이니까요. 단순히 돈만으로 환산할 수 없는 그런 게 있다고 생각해요. 돈만 갖고 생각했을 때는 그분들이 훨씬 낫죠. 애 키울 것 다 키우고 돈은 더 많이 버는데, 하하. 그러니깐 이건 가치관의 차이죠. 전 제가 인정받고

성취해 나가는 것을 즐기는 거죠. 그리고 그런 내 모습을 우리 딸한테
도 자랑스럽게 보여 주는 거죠. 아마 제가 딸한테 줄 수 있는 건 이런
모습을 보여 주는 거 아닐까 싶어요.

인터뷰에 응한 서울대 엄마들이 어렸을 때 보아 온 어머니들의
모습은 지금 그녀들의 모습과는 사뭇 다르다. 이 글을 읽고 있는 당
신도 마찬가지일 것이다. 가정 이외에 지켜야 할 것이 별로 없던 우
리네 어머니들의 삶은 그래서 우리에게 어떠한 감흥을 주지도, 모방
의 욕구를 자극하지도 못했다. 어머니의 삶은 극복되어야 할 과제처
럼 여겨졌다. 그래서 대학 진학이나 사회 진출 등을 모색하며 새로운
문화적 각본을 써 나가는 세대로서 자부심을 가지고 있는 것이 지금
의 30~40대 엄마들일 것이다.

그런데 한번 생각해 보자. 엄마로서, 아내로서의 삶에 최선을 다
하며 이전 세대와는 차별화된 관계를 설정하고 이를 통해 발전해 나
가고자 하는 모습은 고무적이다. 그러나 그것이 정작 스스로의 삶을
매몰시킴으로써 얻게 된다는 점에서 위 세대의 모습과 크게 다르지
않은 것은 아닐까? 오히려 더 많이 배우고 아는 것이 독이 되어, 자
신의 욕망과 자원을 아이와 배우자 그리고 자신의 가정의 이익을 극
대화시키는 데에만 오롯이 투자하는 뒤틀린 모습을 보게 되는 것이
어렵지 않다. 자신의 모습은 싹둑 잘려져 나가 보이지 않고, 누구의

엄마로서 누구의 아내로서 맹목적인 욕망의 화신이 되어 가는 것은 아닌가 염려된다.

미술을 전공한 영랑 씨는 엄마이자 주부로 살면서 작품 활동을 병행할 수 있는 것이 인생의 가장 큰 즐거움이라고 이야기했다. 대학 강사이자 금속 공예가로, 또 박사 논문을 쓰는 학생이면서도 가정에서는 두 아이의 엄마이자 한 남자의 아내이며, 홀로된 시아버님을 모시는 며느리이기까지 한 영랑 씨. 이렇듯 여러 역할을 동시에 수행하면서도 '김영랑'이라는 자신의 이름 세 글자로 살 수 있는 것은 "제가 좋아하고 사랑하는 일을 즐겁게 할 수 있기 때문이죠"라고 이야기했다.

김영랑 전 작품 활동을 하려고 돈을 벌어요. 제가 금속 공예를 하다 보니 작품을 하려면 돈이 들어가더라고요. 그래서 강사도 하고 입시 미술도 하면서 제가 작업할 수 있는 돈을 모아요. 공부를 계속 더 하는 이유도 좀 더 제 일을 잘하고 싶어서예요.

영랑 씨는 그 누구도 아닌 스스로의 인생 플랜에 따라 공부하고, 작품 활동을 하고, 강의도 하고 있다. 그래서일까? 영랑 씨는 내가 만난 서울대 엄마들 가운데 사회가 요구하는 엄마 역할에서 가장 자유로워 보였다. 아이들을 자신과는 독립된 개체로 인정하며, 그래서 아이들이 스스로 공부하도록 기다리는 여유로움을 드러냈다. 교육 특구로 알려진 목동에 살면서도 그 흔한 과외나 학원에 보내지 않고 아이 둘을 키우는 영랑 씨는 스스로의 경험을 토대로 아이들이 자신만의 즐거움을 발견하도록 돕는 역할에 충실하고 싶다는 이야기를 했다. 아이에게 문제집 풀기를 강요하는 엄마보다는, 스스로의 일을 충실히 하며 즐거워하는 엄마의 모습을 보여 주는 것이 아이의 건강한 성장에 가장 필요한 엄마 역할이라고 믿고 있었다.

김영랑 저 참 바쁘죠. 가끔 왜 이렇게 살지? 이런 반문을 할 때도 있어요. 하지만 만약 힘들다고 제가 다 그만두고, 애들 키운다고 집으로 들어가서 "엄마는 더 이상 할 수 없었다." 그렇게 말을 하면 딸아이도 그럴 것 같아요. 그 아이도 하고 싶은 것을 포기하고 그렇게 살 것 같아요. 결국 저 힘들다고 포기하고 그만둔 그 지점, 그 지점이 제 딸아이가 다시 시작하는 지점이 될 거라고 생각하니까 힘들어도 일어나게 되더라고요. 더구나 제가 지금까지 바쁘지만 즐겁게 뭔가를 하고 있으니까 딸아이도 그게 엄마에게 소중한 일, 즐거운 일이구나, 엄마에게는 그런 것이 있구나, 그렇게 생각해 주는 것 같아요. 그러다 보니까 아이도 저를 도와주려 하고, 그러면서 아이 스스로도 자신의 즐거움을 찾고 매진하는 것 같아요.

우리는 흔히 부모는 아이의 거울이라는 말을 한다. 그렇게 본다면 엄마가 살아가는 모습은 곧 아이가 살아갈 긴긴 삶의 길잡이라고 볼 수 있다. 엄마의 시든 욕망을 아이에게 투사하며 엄마의 조종대로 아이가 살아가도록 종용했을 때, 결국 그 아이로부터 듣게 되는 말은 과연 무엇일까? 20년 전과 색깔은 다르지만 '엄마처럼 살고 싶지 않다'는 메시지는 변하지 않을 듯싶다.

앞서도 이야기했지만, 이는 엄마의 대단한 사회적 성취가 필요하다는 이야기가 결코 아니다. 엄마도 '나의 삶'이라고 할 만한 것을 가질 필요가 있다는 것이다. 이정 씨의 지적대로 자신의 삶을 '제대로' 사는 모습을 보여 주는 것, 거기에서부터 비로소 엄마의 힘이 생겨날 수 있다는 이야기이다. '너도 나처럼 살아라!'는 이야기를 할 수 있는 엄마의 삶, 아이가 인생 지도를 그려 나갈 때 참고로 삼을 수 있는 엄마의 삶, 아이에게 매력적으로 보일 수 있는 엄마의 삶은 결코 비현실적인 목표가 아니라는 것을 나는 많은 서울대 엄마들과의 만남을 통해 확신하게 된 것이다.

엄마,
행복을 배우다

최근 들어 '엄마의 행복'이 자주 언급되는 듯하다. '엄마가 행복
해야 아이가 행복하다'*, '행복한 아내, 좋은 어머니가 가정을 춤추
게 한다'**, '여성이 행복하면 모두가 행복하다'*** 등의 문구에서 볼 수
있듯이 자녀 교육 및 정책 전문가들은 엄마의 행복이 건강한 자녀와
가정의 선행 조건이라고 주장하고 있다. 이는 '부모는 원인, 자녀는
결과'로 단정 짓고, 엄마가 아이에게 미치는 일방적인 영향만을 강
조해 온 무수한 육아 담론과는 분명 다른 지점에 서 있는 듯 보인다.

---

* 기타무라 도시코 『엄마가 행복해야 아이가 행복하다』 (삼진기획, 2005)
** 한은경 『엄마가 행복해야 가정이 행복하다』 (두란노, 2012)
*** 최근 서울시에서 실시한 여행(女幸 - women friendly city project) 프로젝트의 슬로건

엄마의 감정은 아이의 성공적인 발달에 영향을 미치는 여러 변수 중 하나쯤에 불과하다고 여긴 기존의 시각에 비하면 일견 새롭고 신선하게 느껴지기도 한다.

그동안 우리는 '문제 자녀에게는 문제 엄마가 있다'거나 '자녀의 성공이나 성적은 엄마 하기 나름이다'라는 식의 시각에 익숙해져 있었다. 각종 매체를 통해 '성공한 엄마 스토리'라도 접하게 되는 날에는 그동안 자신이 아이를 위해 쏟은 노력과 정성이 일순간에 무지하고 무자비한 모습으로 규정되어 버리는 참담한 심정을 느껴 본 적이 있을 것이다. 엄마의 기분이나 상태, 처지와는 상관없이 언제나 합리적이며 따뜻하기를 요구하는 자녀 교육서라도 읽는 날에는 알지 못할 불편함으로 마음이 부대끼는 경험도 했을 것이다. 그런 와중에 '엄마의 행복'은 달콤한 유혹과도 같이 느껴진다. '나의 행복'이 자녀 교육의 전제 조건이라는 주장에 귀가 솔깃해진다.

그런데 말이다, 이상한 것은 '엄마의 행복'이라는 것이 생각하면 할수록 참으로 모호하고 애매한 개념이라는 점이다. '행복'이라는 용어가 최근 사회의 화두가 될 만큼 주목받고 있음에는 틀림없지만, 때로는 너무나 주관적으로 정의되는 개념이기에 빈번하게 들으면서도 하찮게 여겨지기 십상이다. 자신이 행복을 가지지 않았음에도 가지고 있다는 착각이 들기 쉽고, 반대로 가지고 있으면서도 가진 것을 모를 수도 있다. 더구나 '엄마의 행복'이라는 것이 무엇을 의미하는

지, 누구를 위한 것인지도 정확하지 않을 뿐만 아니라, 종국에는 성공하는 아이를 만드는 '좋은 엄마'의 구성 요건 중 하나에 지나지 않을 뿐이라는 의심도 든다. 그래서 엄마가 행복해야 된다는 글을 보면서도 대개는 무감각한 듯하다. 때로는 '행복하다'고 스스로 주문을 걸고 있는지도 모를 일이고, 아니면 자신의 처지와는 생경한 단어라고 저 멀리 밀쳐 두고 있는지도 모를 일이다.

나는 '엄마의 행복'이라는 것이 그만큼의 가치를 누리지 못하고 있다는 생각이 드는 데다가, 실제로 엄마들이 인식하는 행복의 실체가 과연 무엇인지, 그녀들의 삶에서 행복이 어떤 힘을 발휘하고 있는지 살펴보고 싶었다. 그래서 서울대 엄마들 스스로가 인식하는 '행복'의 상태에 대해 질문을 던져 보았다. 그중에서도 미진 씨와 나눈 대화를 소개한다.

● 미진 씨는 요즈음 뭐 할 때 가장 행복해요?

양미진 선생님이 동민이 잘한다고 칭찬할 때, 동민이 100점 받았을 때도 되게 좋았고요. 받아쓰기 100점 받아 왔을 때도 음, 잘했군, 그러면서. 그러니깐 애에 대한 부분이 저에게 행복감을 주죠.

● 내 고유한 어떤 것보다도 자녀와 관련된 것이 더 나를 행복하게 만든다는 건가요?

지금은 그래요. 왜냐면 고유한 어떤 행복을 얻을 수 있는 게 없어요. 너무 한정된 시간에 한정된 일만 하고 있기 때문에. 간혹 내가 한 일이 칭찬을 받거나 할 때가 있긴 하지만 그런 거 받을 확률은 아주 낮고요. 내가 그렇게 행복을 느낄 만한 일이 없다고 봐야 해요, 사실은.

● 일이 무탈하게 굴러가는 것이 더 유지하기 어려운 것일 수 있잖아요. 아이 받아쓰기 100점은 어찌 보면 굉장히 사소한 일일 수도 있는 거잖아요. 그런데 그 사소한 일이 행복을 더 지배한다는 거죠?

지금의 나한테는 더 커요. 왜냐면 일은 그냥 무색, 무향, 무취의 그냥 그런 거지요. 돈을 벌기 위한 수단? 내가 이곳에서 사는 이유. 뭐, 내가 애를 적절히 잘 돌볼 수 있어서 그냥 그 점이 좋아서 택한 거니깐 그걸로 끝이죠.

● 오로지 자녀나 가족을 통해서만 나의 행복감이 성취되는 건가요?

일에서는 이젠 그럴 일이 없을 것 같아요.

● 그럼 만약 자녀한테서 미진 씨가 기대하던 성취감을 못 느낀다면 미진 씨 인생은 어떻게 되는 걸까요? 너무 불행해질 가능성이 있지 않나요?

아, 그러니까…… 음…… 아니죠. 일 대신에 다른 거를 찾아야죠. 취미 활동이라든지…… 뭐 다른 걸 찾겠죠.

● 말하자면, 아무리 서울대를 나오고 전문적인 공부까지 했지만 결국 어떻게 보면 자식 때문에 행복하고 안 행복하고가 결정된다는 건가요?

네, 맞아요. 자식 때문에 내가 가고 싶었던 길을, 내가 하고 싶은 일을 못하고 그냥 어느 정도의 어떤 적당한 선에서 타협해서 살아간다는 그런 거죠.

"언제 행복하세요?"라는 질문에 미진 씨는 일말의 주저함도 없이 아들과 관련된 상황을 떠올리며 답을 했다. 공무원이라는 현재 직업의 최대 장점은 엄마로서 일과 가정을 별 무리 없이 병행할 수 있는 점이라고 말하는 미진 씨이기에, 행복한 순간을 아이와 연결하는 모습이 이상할 것도 없다.

미진 씨뿐만이 아니다. '행복'한 상황을 아이와 연결 짓는 답변은 대부분의 서울대 엄마들에게도 나타났다. 일터와 가정을 넘나들던 워킹맘도, 아이를 잘 키우기 위해 스스로의 욕심을 버렸다고 이야기한 전업맘도 즐거웠던 순간이나 행복한 상황에 대한 질문에 대부분 아이를 떠올렸다. 아이가 선생님으로부터 칭찬을 들었을 때, 좋은 성적을 받았을 때, 또는 주변으로부터 특출난 점을 인정받았을 때를 꼽는 그녀들은 여느 엄마들과 다를 바 없이 '자녀의 성공이 곧 엄마의 행복'이라는 명제를 가슴 깊숙이 새겨 넣고 살아가고 있는 듯 보인다. 이는 엄마 역할의 의미와 결과를 평가하는 유일한 잣대로 '자녀의 성공'이 강요되는 우리 사회에서 엄마가 선택할 수 있는 단 하나의 답변일지도 모르겠다.

변리사인 보애 씨는 대부분의 여성들이 엄마가 되는 순간부터 자신보다는 아이의 행복과 성공을 우선시해야 된다는 압박감을 갖게 되는 것이 현실이라며, 과학고와 서울대를 졸업한 직장 후배 G 씨의 사연을 들려주었다. G 씨는 첫아이를 낳고 아이에게 젖을 물리면서 든 첫 감정이 건강한 아이를 무사히 낳았다는 안도감도, 엄마가 되었다는 뿌듯함도 아니라 "이제 내 인생은 끝났구나!"라는 슬픔과 아쉬움이었다고 고백했다고 한다. G 씨는 젖을 물린 채로 서러움의 눈물을 흘리면서 "이 아이의 성공과 행복을 위해 전력 질주해야지." 하는 비장한 각오까지 했다고 한다. 보애 씨 역시 G 씨와 비슷한 경험을 했다며, 사회가 여성들에게 압박하는 모성의 무게가 실로 대단한 것 같다고 말했다. 한국 사회에서 엄마로 살아가는 이상, 자신의 성공보다는 아이의 성공이 우선이고, 자신의 행복보다는 아이의 행복을 먼저 챙기는 것이 당연하다는 신념은 서울대 엄마라고 예외는 아닌 듯 보인다. 제 아무리 엘리트 엄마라도 자식을 위해서라면 자신을 팽개칠 각오가 단단히 되어 있어야 하는 것이다.

나는 그녀들이 느끼는 행복의 지점을 더 깊이 파고들었다. '엄마'로서 느끼는 행복이 아니라, 그녀 자신만이 가지는 즐거움과 설레는 순간이 과연 있을까? 있다면 과연 어떠한 상황일까? 나는 엄마로서가 아닌 개인으로서 느끼는 행복의 순간에 대해 재차 물어보았다. 질문을 받은 그 순간 놀랍게도, 아니 어쩌면 당연하게도 그녀들은 머뭇거리며 즉답을 하지 못했다. 개인으로서 느끼는 행복의 순간을 찾지 못하는 상황이나 자신이 처한 현실을 설명하며, 나를 이해시키려는 모습으로 답을 대신하기도 했다.

대학 교수인 성아 씨는 인터뷰 내내 자신이 가진 엄마로서의 철학이나 생각, 자신의 전공 등에 대해 똑 부러지게 말했다. 그러나 개인으로서 느끼는 행복한 순간을 물어보았을 때, 한참 뜸을 들이다가 돌아온 대답은 현재는 그런 순간을 찾을 수 없다는 것이었다. 성아 씨는 현재가 아닌, 어린 시절의 기억을 반추하며 행복의 기억을 길어 올릴 뿐이었다.

● 성아 씨, 그럼 엄마로서 생각하는 행복 말고요, 개인 조성아, 여자 조성아로서 행복한 순간은 언제인가요?

조성아 음…… 음…… 어린 시절에 아버지는 항상 저를 보고 '우리 예쁜 딸'이라고 부르곤 했어요. 저는 오빠도 있고 동생도 있었지만 늘 아버지를 주변에서는 '성아 아버지'라고 부를 만큼 아버지는 공부 잘한 저를 참 자랑스러워하셨던 것 같아요. 공부하고 있으면 들어오셔서 볼에다 뽀뽀하고 가시고. 음…… 그러니깐 저 개인으로서 행복했던 순간을 물어보신다면…… 글쎄요. 실은 살아가면서 인생에서 이런 행복감을 느낀 게 너무 오래된 것 같네요. 그냥 일상에서 느끼는 편안하고 푸근한 행복감이 언제부터 없어졌나? 육아와 학업을 병행하면서, 거기에다 경제적인 문제에 시달리면서 그런 행복감을 못 느끼게된 것 같아요. 잘 모르겠어요.

이는 비단 성아 씨만의 모습은 아니다. 사업하는 남편을 내조하기 위해, 그리고 두 아이를 잘 키우기 위해 의류 디자이너로서의 꿈을 접고 전업주부의 길을 선택한 정주 씨 역시 개인으로서 느끼는 행복한 순간을 질문했을 때, 선뜻 답을 주지 못했다. 결국 그런 질문에 답을 하지 못하는 이유로 현재 자신의 상황을 이야기하며 후회스러움을 내비쳤다.

● 어때요? 요즘 참 잘 살고 있다, 행복하다, 그런 생각이 드나요? 엄마로서가 아니라 개인적으로 나 임정주는 언제 행복하다는 느낌을 갖나요?

임정주 글쎄…… 행복하다고는 말 못 하죠. 그냥 행복하려고 노력하는게 행복이지. 행복하냐 안 하냐는 질문은 좀 어리석은 것 같고…… 만약 행복이 아니라 삶에 대한 만족으로 질문을 바꾼다면, 음…… 그러니까 내가 가진 능력이나 주어진 환경에 대해서 내가 노력을 많이 했다고는 못 하죠. 그 부분은 미안하더라고요.

● 누구에게 미안하다는 건가요? 나 자신에게?

아니요, 학교 이름값도 못하고 있다는 그런 거……. 지금 직장생활 잘
하고 있는 애들은 그런 이야기 안 할 테지만 나는 그렇다는 거예요.
결국 공부도 접고, 하고 싶은 일도 그만두고, 아이 키우고 남편 뒷바
라지만 하게 되었으니. 난 직업에 대해 혹은 나 스스로에 대해 성공적
인 뭐가 없으니까 그게 참 미안한데, 그렇기 때문에 애들 교육에는 좀
더 잘해야겠다, 하는 생각이 있는 것 같아요.

세 아이의 엄마이자 큐레이터인 지수 씨도 자신의 행복 지점은
자신이 아닌 아이들이라고 재차 강조했다. 그러나 나와 길을 걸어가
며 "이렇게 나와서 차도 마시고, 기획도 하고, 직원들과 수다 떨고 하
는 시간이 나에게는 활력소야. 너무 행복해"라고 감탄하듯 말했다.
많은 서울대 엄마들을 인터뷰하면서 나는 "나의 이야기를 하는 지금
이 순간이 참 좋네요." 하는 피드백을 여러 번 받을 수 있었다. 자신
의 삶을 기억하고 들여다보고 그 안에서 엄마로서가 아닌 스스로의
삶을 만나는 것 자체가 그녀들에게 힐링이 되고 있다는 느낌을 받았
다. 이처럼 그녀들은 의식적으로든 무의식적으로든 자신의 삶이나
행복은 밀쳐 둔 채 '엄마'로서 충실히 살려고 애쓰다 보니 오히려 행
복과 더 멀어지고 있는 것처럼 보였다.

문화심리학자인 김정운 씨는 행복한 삶과 성공의 진정한 의미

를 '즐거움'과 '노는 것'에 연결 지어 설명하고 있다. 그는 한국의 교육 문제의 근원을 '사는 게 재미없는 엄마들', '진정한 행복이 무엇인지 모른 채 자녀들의 성공과 행복만 쫓는 엄마들'에게 있다고 지적한 바 있다.* 압축적인 근대화로 표상되는 한국 사회의 성공 신화의 바탕에는 개인적인 즐거움이나 행복한 상황을 떠올리는 것만으로도 죄를 짓고 있다는 느낌을 갖게 만드는 '희생 담론'이 내재되어 있으며, 여기서 한국의 엄마들도 예외가 아니다. 행여 자신의 성공과 행복을 먼저 떠올리기만 해도 '아이에게 해가 될 수 있는 엄마' 또는 '아이의 삶에서 성공의 기회를 망치는 엄마'라고 지탄받는 것이 우리 사회이기 때문이다. 아이의 성공이 엄마의 자존감을 지탱해 주는 길이라고 끊임없이 강조하는 풍토에서 어느 엄마가 자신의 행복을 떠올릴 수 있을까?

그런데 말이다. 자신의 행복을 '아이의 성공'에 저당 잡힌 채, 자신만의 즐거움이 무엇인지, 어떻게 해야 행복한지 깨달은 적이 없는 엄마가 과연 아이의 행복을 찾아 줄 수나 있을까? 무릇 '엄마란 아이의 행복을 위해 노력하고 희생해야 되는 존재'라는 명제를 당연하게 받아들이고 살아온 우리를 보고 자란 아이들은 과연 스스로의 행복을 찾는 어른이 될 수 있을까?

---

* 김정운 『노는 만큼 성공한다』 (21세기 북스, 2005)

개인의 삶은 지워 낸 채로 오로지 아이의 도약판으로 살아갈 것을 요구받는 엄마들이 우글거리는 사회. 이러한 분위기에서 자라는 아이들 역시 그 삶을 보고 배울 수밖에 없을 것이다. 그래서 그들은 다 자란 어른이 되어서도 자신의 행복에 대해서는 쉬 답하지 못하고 우물쭈물하게 되는 것이다.

내가 중년의 대학원생들과 수업을 했을 때의 일이다. '여가'에 관한 논문을 읽다 말고 한 학생이 "TV 시청이나 등산을 여가의 전부로 알고 살아가고 있어요. 그건 아마도 우리가 부모님들로부터 삶을 즐기는 모습을 보고 배운 기회가 전혀 없어서 그런 것 같아요"라는 이야기를 했다. 부모들이 스스로의 행복을 설계하고 가꾸는 모습을 본 적이 없는 아이들에게 "너는 행복하게 살아라!"라고 말하는 것. "우리 아이는 자기가 원하는 일을 하면서 행복하게 살았으면 좋겠어요"라고 말하는 것. 이 어찌 어불성설이 아니겠는가! 나는 엄마들이 자신의 행복을 떠올리는 데 주저하고, 행복에 대해 제대로 배워 보고 누릴 생각조차 못 하고 있다는 점에서, 시중에 떠도는 '엄마가 행복해야 된다'는 논리는 엄마들에게 아무런 힘이 되지 못하는 허망한 메아리가 아닐까 염려가 된다.

아이의 행복한 미래를 꿈꾸고 있다면, 무엇보다도 엄마 자신의 즐거움이나 행복의 지점을 잘 찾는 모습을 보여 주자. 자신의 행복을 찾을 줄도, 누릴 줄도 모르는 어른으로 키우는 대물림을 끊기 위해서는 엄마가 스스로 행복의 지점을 찾는 법을 배우는 것이 먼저이다. 자신만을 위해서 무엇을 하는 것이 불편하고 힘든 당신이라면 아이를 위해서라도 시도해 보는 것이다. 아이에게 보여 주자. 엄마도 행복을 찾고 누릴 수 있다, 라는 것을. 엄마의 삶에는 희생이나 인내 이외에도 행복과 즐거움, 기쁨과 같은 덕목이 포함된다는 것을 보여 주는 것이다. 엄마 자신이 편안하고 행복할 수 있는 지점을 잘 찾는 그 자체로 아이의 삶을 더욱 풍요롭고 재미있게 만들어 줄 수 있다.

엄마가 즐겁고 재미있게 살기 위해 노력하는 모습을 보면서 아이가 엄마를 인정하고 또 닮고 싶어 한다면 그 이상 행복한 엄마의 삶이 있을까? 그래서 엄마들은 행복을 배워야 한다. 익혀야 한다. 내 것으로 만들어야 한다.

"엄마는 더 이상 할 수 없었다.
그렇게 말을 하면 딸아이도 그럴 것 같아요.
그 아이도 하고 싶은 것을 포기하고 그렇게 살 것 같아요."

생각넷

■ **서로에게 힘이 되는 부모들**

　서울대 엄마 중에 자녀를 서울대에 입학시킨 분을 만나면 좋겠다고 생각했는
데, 수소문 끝에 박신혜 씨를 만날 수 있었다. 자그마한 체구의 신혜 씨는 80년대
초반 학번으로, 현재 어느 언론사 부설 연구소의 연구위원으로 재직하고 있다. 딸
아이가 어릴 때, 신혜 씨는 외국으로 발령이 난 남편을 따라간 김에 그곳의 한 대
학에서 석사 과정을 밟았다. 그러던 중 딸아이가 원인을 알 수 없는 병에 걸려 모
든 것을 접고 한국으로 돌아왔다. 경제 사정상 일을 그만둘 수도 없고, 그렇다고 딸
아이를 혼자 팽개쳐 둘 수도 없는 눈물 나는 상황. 그런 힘든 상황에서 신혜 씨가
결심한 것이 공동육아였다. 마음 맞고 뜻 맞는 부모들과 아이를 함께 키우기를 선
택한 것이다. 공동육아를 통해 밝고 건강하게 성장한 딸아이는 신혜 씨의 표현에
따르면 "운이 좋아서" 지난해 서울대에 진학했다.

　이 책을 집필하는 동안, 정식 인터뷰는 아니지만 많은 지인들과 함께 자녀 교
육에 관한 대화를 나눌 기회를 가졌다. 연극배우이자 연출가인 서울대 엄마 B 씨
는 나에게 자신이 살고 있는 지역으로 이사 오라고 적극 권유했다. 그러면서 공동
육아에 대한 이야기를 했다. 특별한 신념이 있어서 시작한 것은 아니었지만 결과

적으로 잘한 선택이었다는 것이 B 씨의 생각이다. 무엇보다도 이웃과 함께 아이를 키운다는 느낌이 참 좋다는 것이다. 매스컴을 필두로 하여 어딜 가나 자녀 교육에 대한 정보가 넘쳐 나는 상황 속에서 혼란스럽고 불안한 마음이 컸지만, 이제 B 씨는 생각이 비슷한 부모들과 함께 소통하는 가운데 중심을 잡을 수 있는 힘을 얻었다고 했다. 특히 소자녀 핵가족 안에서 다양한 인간관계를 경험할 수 없는 요즈음 아이들에게 서로 싸우고, 화해하고, 배려하고, 타협하는 등 돈으로 살 수 없는 경험을 할 수 있는 장이 마련되어 더욱 좋다고 했다.

신혜 씨 그리고 B 씨와 이야기하면서 "함께"라는 아주 흔하고 낡아 빠진 듯한 키워드, 그 속에 길이 있는 것은 아닐까, 하는 생각이 들었다. 우리는 많은 정보 속에서 돈으로든 관계로든 지식이로든 내가 가진 자원을 총동원해 옥석을 가려내려고 안간힘을 쓰고 있다. 그러다가 나의 부족함을 원망하며 스트레스를 받곤 한다. 그런데 신혜 씨와 B 씨는 마음 맞고 뜻 맞는 사람들 속에서 그 답을 찾았다고 했다. 억지스럽지 않은 교육에 대한 가치를 공유하고 이해하는 사람들 속에서 위안을 얻고 힘을 받았다는 것이다. 신혜 씨는 외동인 딸을 다른 사람들을 잘 돌보고 이해하는 성정을 가진 성인으로 키워 낸 것에 대해, B 씨는 '그래도 세상은 믿을 만한 사람들이 많은 따뜻한 곳'이라는 메시지를 자녀들에게 전해 주는 통로를 마련해 놓은 것에 대해 내심 뿌듯해했다.

육아는 절대 홀로 할 수 없는 일이며, 엄마 자신도 함께 성장하는 과정이다. 주변의 많은 사람들과 나누는 관심과 배려, 그리고 소통을 통해 아이뿐만 아니라 엄마도 함께 자라난다. 생각도 자라나고, 배움도 자라나고, 마음도 자라난다. 그것에 육아의 핵심이 있다. 그런데 우리는 또래 엄마와의 교류 혹은 소통을 단순히 '정보'를 나누는 통로로만 인식하고 있는 것은 아닐까? 내 옆에 있는 그녀들을 돌아보자. 나와 그녀는 왜 만나는가? 그리고 무엇을 공유하는 사이인가?

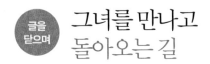

글을 닫으며

그녀를 만나고 돌아오는 길

심이정 씨와 만난 날이다. 그녀가 일하는 학교 교무실에서 다른 이들이 모두 퇴근한 저녁 시간에 마주 앉았다. 일상에 대한 이야기를 나누다가 불쑥 물었다.

아이한테 큰소리로 화낼 때 있어요?

그녀는 빙긋 웃으며 신의 한 수를 나에게 선사했다.

소리는 학교 애들한테도 안 지르고요, 우리 아들한테도 안 질러요. 교사여서 단련이 된 면도 분명 있는 것 같아요. '아, 네가 그래도 아이인

데…….' 이런 생각이 크다 보니까 화낼 일이 별로 없어요. 기본적으로 아이라고 생각하니까 화낼 일은 별로 없더라고요. 교사를 하면서 절절이 느끼는 건데, 학생이든 제 자식이든 관계가 안 이루어지면 교육이 안 돼요. 그런 점에서 화내는 건 관계에 도움이 안 되더라고요.

눈앞의 그녀 이야기는 탄산수처럼 청량감 있게 느껴졌다. 자녀교육서를 읽었을 때와 다른 무게감으로 다가왔던 건 아마도 같이 아이를 키우고 있는 엄마이기 때문이리라.

그랬다.

그녀들을 만나고 돌아오는 길의 나는 그 전과는 분명 달라져 있었다. 좋은 엄마, 행복한 엄마의 모습을 반드시 찾겠노라고, 그래서 누군가에게 일깨움을 줄 수 있는 연구를 해 보자고 나섰건만, 그녀들과 이야기 나누고, 정리하고, 분석하고, 글을 쓰는 동안 나는 다른 누구보다도 내 안의 '엄마'를 깊게 들여다볼 수 있었다. 누군가를 위한 글쓰기를 하는 줄 알았지만, 막상 나를 위한 힐링과 성장, 그리고 변화를 위한 시간이었던 것을 부인할 수 없다. 말하자면, 그녀들과의 조우는 내게 찾아온 행운이었던 것이다.

학벌 중심의 사회에서 어쩌면 매우 자극적인 주제이자 대상일 수 있었던 서울대 엄마들! 하지만 우리가 만난 그녀들 역시 '대한민국'에서 아이를 키우는 '그냥 엄마'였다. 자아 성취와 육아라는 두 마리 토끼 앞에서 이러지도 저러지도 못해 울상을 짓는 '그냥 여자들'이었다. 물론 그녀들의 특별함을 이야기하지 않을 수는 없다. 주어진 상황에 안주하기보다는 고민하고, 스스로가 이해 가능한 답을 찾으려고 부단히 노력하는 모습은 인정해야겠다. 조금 더 당당하고 힘 있는 모습을 보이지 못하는 것 같아 서운하기도 했지만, 대한민국 엄마로 살면서 겪는 그녀들의 산전수전에 기꺼이 마음을 보태어 응원했다. 그러다 보니 어느덧 1년의 세월이 지났다. 그동안 필자들도 그녀들도 조금 더 단단하고 빛나는 진주 하나를 가슴에 품었기를 바란다.

가슴에 손을 얹고 다시 한 번 묻는다. 너는 어떤 엄마가 되고 싶으니? 여전히 막막하다. 그러면 다시, '아이를 어떻게 키우고 싶은가?' 더 답하기 어렵다.

인터뷰가 거듭될수록, 사회가 강제하는 좋은 엄마 역할로 인해 내 아이와 더 의미 있고 값진 관계를 맺을 수 있었던 시간이 좀먹고 있었다는 자각이 밀려왔다. 아이의 학습 매니저나 인생 플래너가 아닌, '그냥 엄마'만으로도 충분하겠다는 자신감이 살짝 고개를 내밀고 나오는 것을 느꼈다. 물론 '내 안의 엄마'는 여전히 과거와 닮아 있다. 성에 차지 않은 학습 성과물을 보며 얼굴 근육이 굳어지는 것을 숨길 수가 없다. 결국 벌컥 솟아오르는 화를 참지 못해 큰소리치기도 한다. 수학 교과 과정이 개편된다는데 왜 넋 놓고 있냐는 주변의 지청구에 학원을 알아볼까 마음이 흔들리기도 하고, 숙제하기 싫다는 아이와 실랑이를 벌이다가 '엄마는 너만 할 때 그러지 않았다'며 결국 잔소리를 해 댄다.

하지만 말이다, 이제는 아이가 스스로 일어서서 비상할 채비를 하도록 돕는 것 이상의 관여는 서로에게 불필요하며, 또 도움이 될 것이 없다는 생각만은 확실하다. 그러니 조바심이 덜 나게 되었다. 긴 호흡으로 아이를 보자고 다짐한다. 물론 시계추처럼 생각이 왔다 갔다 하는 순간이 잦지만, 그래도 그녀들을 만나는 동안 그 시계추가 안정을 찾을 것이라고 확신하게 되었다. '아이뿐만 아니라 나 자신까지도' 함께 믿어 보기로 한 것이다.

이런 마음가짐의 변화가 얼마 동안 유효할지는 모르겠다. 하지만 좀 덜 허덕이고, 좀 더 배포 있는, 좀 덜 악악대고, 좀 더 기다리는 엄마가 되고 싶다.

긴 시간 많은 서울대 엄마들을 만났다. 인터뷰에 흔쾌히 참여해 준 24명의 서울대 엄마들에게 감사의 인사를 전한다. 직장에서, 집에서, 카페에서 만난 그녀들은 늘 바쁘고 지쳐 있었다. 그래서 짠했다. 우리가 쓴 이 글이 그녀들에게 작은 위로가 되면 좋겠다.

인터뷰 파일을 글로 옮기는 작업을 도와준 서울대 학생들에게 감사하다. 재미있는 연구라는 피드백이 필자들에게 큰 힘이 되었다. 책 쓰는 작업을 가능케 도와준 남편 인수 씨, 신하 씨에게 고마움을 전하고 싶다. 딸의 성취에 누구보다 기뻐하신 부모님, 그 애쓰신 마음을 헤아리지 못한 불효가 크다. 그 무엇보다도 자식 키우는 절절한 어미의 마음을 알게 해 준 아이들! 주하, 현수, 현진이가 이 책의 반을 채워 주었다. 이 책의 서문과 목차만으로도 발간을 결정해 주신 다산북스 김선식 대표님, 그리고 책이 나오기까지 수고해 주신 편집부와 디자인팀에 감사한다. 덕분에 『서울대 엄마들』이 멋진 옷을 입고 독자들에게 다가갈 수 있게 되었다. 여러 인연들의 고마움을 생각하며 좋은 사람으로 살아가고 싶다. 그리고 좋은 연구로써, 글로써 보답하려 한다.

말과 생각과 행위가 일치하는 삶을 보여 주신 구본형 선생님, 사랑합니다.

2013년, 진짜 봄을 기다리며

주지현, 장미나

서울대 엄마들

초판 1쇄 인쇄 2013년 4월 22일
초판 1쇄 발행 2013년 4월 26일

지은이 장미나 · 주지현
펴낸이 김선식

Editing creator 김서윤
Design creator 이나정
Marketing creator 백미숙

3rd Creative Story Dept. 김서윤 이여홍 박고운
Creative Marketing Dept. 이주화 이상혁 백미숙
Online Team 김선준 박혜원 전아름
Public Relation Team 서선행
Contents Rights Team 김미영
Creative Management Dept. 김성자 송현주 권송이 유이경 김민아 한선미

펴낸곳 (주)다산북스
주소 경기도 파주시 회동길 37-14 3층
전화 02-702-1724(기획편집) 02-6217-1726(마케팅) 02-704-1724(경영관리)
팩스 02-703-2219
이메일 dasanbooks@hanmail.net
홈페이지 www.dasanbooks.com
출판등록 2005년 12월 23일 제313-2005-00277호

종이 한솔피엔에스
인쇄 · 제본 스크린그래픽센타

ISBN 978-89-6370-970-3 03300